親の介護がツラクなる前に知っておきたいこと

島影真奈美

WAVE出版

目次

第4章

第5章 親の終活

知っておきたい介護ハック

デザイン…中村妙（文京図案室）
イラスト…山元かえ
ＤＴＰ…野中賢（システムタンク）

＊本書では、「地域包括支援センター」を「地域包括」と略記します。

序章

わが身を助けるもめない介護

介護はある日突然、やってきます。

私の場合、夫の両親が立て続けにアルツハイマー型認知症だと診断されたのは2017年5月のことです。当時、義父は89歳、義母は86歳でした。

「息子（私の夫）が浮気しているのでは!?」という電話をかけてきたかと思うと、「ドロボウに入られた！」と訴える……。思い起こせば、予兆めいた言動もありましたが、気付かずにスルー。途中からさすがにおかしいと思い始めたものの、〝様子見〟のまま、動けずにいた時期もありました。

それまで年に1回会う程度の疎遠な関係だったため、どこまで踏み込んでいいものやらまったく見当がつかなかったのです。

ただ、介護がスタートしてみると、この〝赤の他人〟としての距離感は悪いことばかりではありませんでした。

例えば、冷蔵庫を片付けたときのことです。疎遠な嫁よりも、実の娘のほうが義母も受け入れやすいだろうと考え、義姉にお願いしたのですが、激しい親子ゲンカに発展してしまいます。

「食べ物を捨てるなんてありえない！」

「賞味期限が切れているんだから処分しなきゃ仕方がないでしょ！」

実の親子だからこそ、遠慮のない言い合いになるし、親としてのプライドも炸裂します。ふたりの激高ぶりに、私はもちろん、夫や義父も仲裁に入れず、嵐が過ぎ去るのを待つばかりでした。

義姉が指摘したとおり、「賞味期限切れの食材をなんとかしないとマズい」というのは、介護する側の共通認識としてありました。一方、昭和一ケタ生まれの義父母にとって、食べ物を捨てるなんて言語道断。処分しようとすると烈火のごとく怒り出します。食中毒の危険性を訴えても、聞く耳を持ってもらえず、親子ゲンカを繰り返していました。

「賞味期限がよく見えるよう、マジックペンで書いてみていいですか」

そう打診したとき、義母は不信感でいっぱいという表情でしぶしぶＯＫしてくれました。

「捨てちゃうの？」

「捨てないですよ。賞味期限を書くだけです」

そんなやりとりを繰り返すうちに、義母の態度がやわらいでいきました。そのうち、「食中毒になるのもつまらないわね」と処分を許してくれるようにもなったのです。

良かれと思って行動したことが親から否定され、拒否されるのはつらいものです。

しかし、親の立場からすれば、子どもとはいえ、土足で生活に踏み込むような態度は許せるはずもありません。「年だから」「認知症だから」などという理由では納得できないのは当然のことです。

年老いた親に根気強く説明し、納得のいく落としどころを探るのは少々面倒な作業です。「どうせ聞いてもわからないから」と強引に話を進めたくなる瞬間もあるかもしれません。

しかし、そこは踏ん張りどころです。本人の意向を尊重したやりとりは納得感につながります。相談し、承諾を得るステップを踏むことで親にとっては「自分ごと」になり、子ども側も本来、必要なかったはずの罪悪感に苦しめられるリスクを回避できます。「イヤなことを無理強いしない」という信頼感があると、聞く耳を持ってもらいやすくなり、介護体制も整えやすくなります。いわば、アミューズメント施設で並ばずに入れる「ファストパス」を手に入れたようなもの。「もめない介護」は親のためならず、なのです。

本書では、老いた親とぶつかりやすいシチュエーションをどうやって切り抜けるか、なるべくもめずに解決する作戦をご紹介しています。お互いの性格や家族の関係によっても、ベストな対応は変わってくるかと思います。親の心に効果的に働きかけるアプローチを考えるきっかけ、ストレスを抱え込まずに親をサポートしていくためのヒントとして活用していただけたら幸いです。

第1章

親のくらし・性格

詐欺対策

90歳になる母親は
電話がかかってくると
自分から名乗ってしまう。
何度注意しても直らない。
そのうち、高齢者を狙った詐欺に
遭いそうで心配です。

（60歳・男性）

繰り返しニュースになっている特殊詐欺。オレオレ詐欺から架空請求詐欺まで、その手口は驚くほどバラエティに富んでいて、高齢の親がいる人にとっては気がかりなことのひとつです。しかし、心配されている当の親本人はまったく気にしておらず、子どもがさらに気をもむといった話をよく聞きます。

「相手がわかるまでは電話をとらずに留守番電話を使って」などとアドバイスしても、親は知らん顔。危機感がまるでなさそうな態度にイラッとして、つい声を荒らげてしまった経験をお持ちの方もいらっしゃるかもしれません。

しかし、厳しく言えば伝わるかというと、そうではありません。むしろ、親の「これ以上話したくない」「小言を聞きたくない」という気持ちに拍車をかける可能性が高いのです。

私の祖母は、祖父が亡くなった後、80代前半までひとり暮らしをしていました。ある日、祖母は訪問販売で物干し竿を購入します。その価格はなんと50万円。ホームセンターで数千円で売っていそうな、何の変哲もない物干し竿に大金を支払ったことを知り、私の母親は祖母に厳しく注意しました。当時、母は「この期に及んで、『悪い人じゃなかった』なんて言っている。ありえない！」とひどく腹を立てていました。あまりに強い口調で文句を言っているので、「おばあちゃんが自分のお財布から買ったのなら、そこまで怒らなくてもいいのでは？」と口をはさみ、「そういう問題じゃない！」と私まで叱られたのを覚えています。

祖母はその後も繰り返し、お金をだまし取られました。しかも、シロアリ駆除や屋根修理など、必要のない工事を持ちかけられ、多額の費用を請求されていたことがわかったのは祖母が亡くなった後のことです。今になって思えば、最初にだまされた段階で、「あの婆さんはだませる」という〝カモリスト〟に名前が載ってしまったことを疑うべきだったのかもしれません。ひとり暮らしの寂しさや認知機能の低下によって、怪しい話を持ちかけられても見抜けなくなっていた可能性もあります。

ただ、繰り返し被害に遭う原因のひとつとして見逃せないのが、「子どもに相談したくない」という心理です。子どもに伝えれば、ガミガミ叱られる。「また？」といやな顔をされるのもつらいし、「だから言ったでしょ」と鬼の首をとったように責められるのも腹立たしい。それならいっそ、黙っておいたほうがマシと考えても不思議はありません。

私自身も、夫の両親が認知症だとわかってからこんなやりとりをしたことがあります。

あるとき、義父から「おかしなハガキが届いた」と電話がかかってきました。動揺し、要領を得ない義父をなだめ、なんとかハガキの内容をそのまま、FAXで送ってもらうことに成功します。読むと当時、話題になっていた裁判所からの呼び出しを偽った詐欺のハガキでした。

私「お義父さんのご心配どおり、これは詐欺なので電話は絶対にかけないでくださいね」
義父「わかった。このハガキはどうすればいいですか」
私「どうすればいいか調べて、また明日電話しますのでそのまま置いておいてください」

義父はすぐに落ち着きを取り戻し、これで大丈夫……と思いきや、翌日ヘルパーさんから「おふたりがいません！」と緊急SOS。訪問介護の訪問日でしたが、義父母が自宅にいないというのです。担当ケアマネジャーにも連絡し、大騒ぎで探し回ったのですが、どこにもいません。夏場だったこともあり、熱中症で倒れているのではないかとずいぶん心配しましたが、夕方近くなって義父母はひょっこり帰ってきました。

聞くと、昨夜の詐欺ハガキのことがどうしても気になり、ハガキに記載されていた住所まで2時間近くかけて出向いたそう。しかし、指定の住所地に行くと、該当する建物はなく、近くにいた警備員さんに「詐欺ですよ」と教えられ、帰ってきたというのです。

義父「約束どおり、電話はかけていません」
義母「移動中もしっかり水分はとりました。でも、けっこうな長旅だったわね」

満足そうに報告してくれる義父母に何も言えず、とにかく無事でよかったと、ケアマネさんたちと胸をなでおろしました。

その後もギョッとすることはたびたびありました。Amazonで義父の衣料を注文し、送ったところ「最近、小包を使った詐欺が流行っているとニュースで見たから」と受け取りを拒否されたこともあれば、誰も飲まない「青汁」が定期的に届き始め、義母に解約の了承をもらうのに苦労したこともあります。

ただ、祖母のことを教訓に、親を責めるのだけはやめようと心に決めて対応したことが、結果的には良かったように思います。

小包の受け取り拒否は、介護する側としては面倒ですが、見方を変えれば、「注意深く生活していて素晴らしい。詐欺などの犯罪に巻き込まれないためにも、その警戒心を大事にしたい」となります。あれこれ試した結果、Ａｍａｚｏｎはダメでも、ヨドバシカメラとイトーヨーカドーからの荷物は受け取ってもらえることがわかりました。そうなれば、あとはネット通販の注文先を変えるだけなので簡単です。どうしてもＡｍａｚｏｎでないと購入が難しいものは、いったんこちらで受け取ってから持ち込むか、宅配便で送りました。

詐欺ハガキをめぐる騒動では「電話をかけないでくれたのはありがたいです。水分補給もさすがですね！　でも、次は一緒に行きましょう」と伝えました。不安につけこむのが詐欺の手口。ならば、家族がとれる対抗策は、親が不安に感じたことをためらうことなく共有できる環境を整えることではないかと思うのです。

実家の片付け

うちの実家は
昔からものが多いんですが、
親が年をとるにつれ、
いっそうひどくなっている気が……。
片付けてほしいと言っても
聞いてくれません。
（48歳・女性）

親がまだ元気ハツラツだという人からも、親の老いが気になり始めたという人からも聞く悩みに「実家がものであふれている」があります。もう何年も前から着ていない洋服や壊れた家電製品、古新聞、包装紙、空き箱など、明らかに不用品のように思えるアイテムも、なかなか捨てようとしない親にイライラ。「いい加減に片付けてよ。困るのは残される私たちなんだから！」と、つい言わなくてもいいひと言が飛び出すことも。

散らかり放題の家を残されると、大変な思いをするのは子ども世代です。代わりに片付けるなんて考えただけでウンザリするし、元気なうちに片付けてほしい。そう考えるのは、ごく自然なことでしょう。では、親のほうはこの状況をどんな風に思っているのでしょうか。親世代に聞くと、こんな答えが返ってきました。

「片付けたいという気持ちはあるけれど、いざ片付けようとすると思うように進まない。そんなときに、横からあれこれ口を出されると腹が立つ」
「文句を言うならまず、自分が置いていった荷物をすべて処分しろと言いたい」
「現状、とくに困っているわけではないのに、訳知り顔で文句を言われると気分が良くない」

片付ける気がある派と、ない派に大きく分かれるものの、子どもに口うるさく言われることに対して、嫌気が差しているのは双方に共通しています。そんな親の本音に対し、「言わなければ余計に片付けないじゃないか」と怒りをぶつけるのは早計です。かつて、子どもの頃に、親にガミガミ言われるほど反発し、言いなりになんてなるものか、と思った経験がある方も多いのではないでしょうか。文句を言うのもエネルギーがいるもの。しかも、文句を言ったからといって事態が好転しないのであれば、骨折り損のくたびれもうけだと言えます。

では、どうすればいいのでしょうか。

まずは親に「片付けたい」という気持ちがあるのかないのか、それとなく確認する必要があります。「この間、お母さんと同世代の女優さんがテレビで、片付けの話をしていたよ」と雑談のついでに聞いてみるのもいいでしょうし、「もし、粗大ごみに出すのが大変だったりするなら手伝うよ」など手助けを申し出る手もあるでしょう。

このとき、気を付けなくてはいけないのが「片付けが必要」「ものを捨てるべき」という結論ありきのアプローチにしないこと。あくまでも、親の意向を探るのに留めます。「実は片付けたいけど、手が回らずにいた」と打ち明けてくれればラッキー。「とくに困っていない」「放っておいて」と冷たくあしらわれ、カチンと来てもポーカーフェイスで受け流すことも大切です。

親が、散らかった実家での暮らしを気にも留めていない場合は、どのような危険が潜んでいるのか観察するところから始めましょう。例えば、普段よく歩き回る場所に古新聞の束が置かれていたら、つまづいて転倒する可能性があります。火器の近くに燃えやすいものがあれば、火事の心配があります。

こうした危険な個所を把握できたら、「安全のための片付け」を提案しましょう。親が、ものを捨てるのに抵抗を示したら無理強いせず、2階などつまづく心配のない場所に移動します。動かすスペースがない場合には、処分せざるを得なくなるかもしれませんが、その場合も、親の承諾なしに勝手に処分するのは控えます。周囲から見ればガラクタでも、本人にとっては「捨てない理由」があるためです。単に、これまで捨てる決断ができなかっただけだとしても、「勝手に捨てられた」という恨みや不信感は長く残ります。

なお、「片付けられない」は認知症の初期症状を示すサインとしてあらわれることもあります。その兆候があらわれやすい代表例としてよく挙げられるのが玄関と冷蔵庫です。他人の目が気になりやすいはずの玄関が野放図に散らかっていたり、冷蔵庫に賞味期限切れの食材がぎっしり詰まっていたら、要注意。認知症によるもの忘れなどの影響で、必要なものを必要な分だけ購入することや食材の管理、調理などが難しくなっているのかもしれません。

今のところ、とくにケガなどの危険性はなさそうで、ただひたすらものが多く、散らかっている。親も片付ける気はないという場合はどうでしょうか。気がかりなのは、親が亡くなった後の片付けのみという場合には、思い切って放っておくのも一案です。そんなことをしたら結局、親が亡くなった後に大変な思いをして片付けることになるのはこっちじゃないかと思われたでしょうか。

人がひとり、あるいは夫婦ふたりが暮らしていた家を片付けるのは並大抵の労力ではありません。ましてや、片付ける気が一切ない所有者を説得しながら片付けるとなると、大変な思いをするのは間違いありません。片付けが終わった途端、あらたに大量のものを買い込んできて、振り出しに戻る……になるかもしれません。いっそのこと「片付けは亡くなった後に行えばいい」と割り切るのはそう、悪くはない選択肢だと思いませんか。

ちなみに、親がいずれ年をとって、施設入所の必要性が生じたときも、片付けのチャンスが訪れます。うちの場合は、義父が肺炎で入院したのをきっかけに、義母も施設に一時入所し、その後、夫婦そろってしばらくの間施設で暮らした時期がありました。その間に、少しずつ家の中を整理整頓したのです。ただ、あまりにも家の様子が変わってしまうと、親にとって不快かつ、不信感を抱くであろうと考え、見た目はなるべく変わらないように努めました。それでもごみ袋は何十袋にも及びました。

いずれにしても実家の片付けは、親の安全で快適な暮らしを確保するためのものと割り切るのが賢明です。すみずみまでバッチリ片付けようと思うと莫大なエネルギーがかかる上、さほど感謝もされないという落とし穴があります。ムキにならずに淡々と対応することをおすすめします。

性格が変わる

年をとったせいなのか、
母親の性格が変わってきたような気がします。
いつも何かにイライラし、家族に八つ当たり。
隣近所の噂話や悪口を聞かされる機会も、
ここ数年増えていて……
正直会いたくありません。
（52歳・女性）

何が不満なのか、いつもピリピリ、イライラしている。そんな親の姿に遭遇し、戸惑う子ども世代は少なくありません。目前に迫りくる「老い」の気配を感じ、不安を覚える人もいれば、「よく考えてみれば、うちの親は昔からそう!」と腹を立てる人もいます。

年をとると性格が変わるのか、それとももともとの「困った性格」がより先鋭化されるのでしょうか。たしかに、加齢にともなう変化が訪れることは十分考えられます。個人差はあるものの、年をとれば、誰しも視力や聴力などの機能は低下し、体力的にも若い頃と同じようにはいきません。思うようにならないことが増えることでイライラが募ることもあるかもしれません。

ただ、すべてを「年のせい」と決めつけるのは早計です。

例えば、以前は、おっとりと穏やかだった母親(あるいは父親)が、急に攻撃的になり、周囲に当たり散らすようになった場合、認知症の予兆であることも考えられます。認知症ではなく、ほかの病気が潜んでいる可能性もあります。

ある50代の女性は、80代後半にさしかかった父親の怒りっぽさに手を焼いていました。もともとはどちらかと言えば、ぶっきらぼうで無口なタイプだったそうですが、ここ数年、気に入らないことがあると、家族を怒鳴りつけるようになったとか。

「黙って我慢している母がかわいそうで、何度か父に『怒鳴るのをやめてほしい』と伝えたのですが、まったく聞く耳を持ってくれませんでした」

正面から言い合っても、板挟みになった母親がつらいだけ。そう思い、ケンカになるのだけは避けていたと語ります。なんとかしたいけれど、どうにもならない。モヤモヤした気持ちを抱えたまま、数年が過ぎた後、実は父親は末期の肝臓ガンを抱えていたことが判明します。健康診断がきっかけでした。

「父自身も自覚症状はまったくなかったようで驚いていました。余命半年と言われましたが結局、2か月ほどで亡くなって……。あのとき、急に父が怒りっぽくなったのは病気の影響もあったのかなと、母とよく話しています。『お父さんのことを厳しく責めなくてよかったね』って」

うちの義母も、義父にやたらときつく当たっていた時期があります。当時、義母は86歳、義父は89歳。夫婦そろってアルツハイマー型認知症だと診断され、ヘルパーさんや訪問看護師さんをお願いするようになって数か月経った頃のことでした。

「お父さまはヒゲもうまく剃ることができない」
「以前は几帳面な方だったのに、最近は全然ダメ」
「よくそんな服装で、外出しようと思うわ。みっともない」

義父の一挙一動に文句をつけ、口を開けばチクチクとした嫌みが続きます。認知症の進み具合としては義父が「軽度」、義母が「中程度」だったため、しょっちゅうもの忘れをするのはむしろ義母のほうでしたが、忘れたこと自体を忘れてしまうため、向かうところ敵なし。

ヘルパーさんからの進言で発覚し、もの忘れ外来の主治医に相談。義母が落ち着いて過ごせることを最優先する方向で、一時的に処方薬を調整してもらいました。

しかし、1か月も経つと、義母の文句もやや軽減。相変わらず、文句は言うものの、優しい言葉も出てくるようになり、薬の量も元に戻りました。

今思うと、義母も突然始まった「介護生活」に戸惑い、ストレスを感じていたのかもしれません。

義母に比べると、義父はかなり理性的に「他人の世話になること」を受け入れてくれました。ところが、そんな義父にもイライラを募らせる時期が訪れます。

「家内がおかしなことばかり言って困っている」
「存在しない子どもの話をしょっちゅうしている。付き合いきれないので早く家に帰りたい」
義父が義母への不満を盛んに口にするようになったのは、夫婦そろって有料老人ホームに入所した直後のことです。

自宅にいた頃の義父は、義母が「2階にドロボウがいる」と言い張っても、唐突に「子どもたちがたくさんいる」と言い出しても、動じることはありませんでした。義母の言い分を疑ったり、声を荒らげたりしたこともありません。そんな義父が突然、イライラし始めたことに驚きながらも、試しに義母の認知症について話をしてみました。

「そんなことがあるわけない！」と怒られたら、即座に撤回する腹づもりをしながら、義母が近くにいないタイミングを狙って、義父が言う「おかしな言動」は認知症に由来する可能性が高いことを伝えてみたのです。

義父の反応は想像していた以上に穏やかなものでした。開口一番、「彼女（義母）には黙っておこうと思うが、それでいいですか。きっと傷つくだろうから」と確認されました。

ただし、義父自身も軽度ではあるものの、もの忘れがあります。しばらく経つと、このときの会話の内容もうろ覚えになってしまう。そのため何度か、同じやりとりを重ねる必要がありました。今、義父がどのような認識でいるかはわかりません。でも、義母の言動に対するイライラは少しずつやわらぎ、苦笑いしながら受け止めてくれているようです。

外出したがらない

以前は習い事もしていたし、
旅行にもよく出かけていた母ですが、
70代後半になってから、
どうも家に引きこもっているようで……。
このまま、動かずにいると
体力も急に衰えそうで心配です。

（52歳・女性）

介護予防のためには、①栄養、②運動、③社会参加の3つの柱が重要だと言われます。バランスのいい食事をとり、定期的に運動を行い、趣味やボランティア活動などで社会とのつながりを保つ。たしかに、これらを実践しているご老人は、いきいきと理想的な老後を過ごしているイメージがあります。

ただし、理想と現実の間にはギャップも生じます。

年をとっても、勢力的に地域で活動をする人もいれば、年をとるにつれ、活動量が落ちていく人もいます。そもそも若い頃から出不精で、人付き合いが苦手だった人に「介護予防のため」「認知症予防のため」と叱咤激励しても、重たい腰はなかなか上がらないものです。

ただ、「本人が外出したくないなら、外出しなくてもいい」と割り切るのがいいかどうかは、これまた状況によります。

趣味やボランティア活動という形ではないけれど、自宅ではきびきびと家事をし、買い物にも出かける。こうした状態と、家から一歩も出ず、家の中でもゴロゴロと寝転がり、億劫そうに過ごしているのを同列に扱うのは少々乱暴です。

以前はよく出かけていたのに、最近は家に引きこもっているように見える。その印象が、本当に親の生活をあらわしているのか、子どもの目にそう映っているだけなのかを確認する必要もありそうです。

親の言い分も聞かずに、「引きこもっていると身体に悪い」とせき立てるのは、ぜひ避けたいところ。自分の子ども時代を振り返ってみても、有無を言わさず、ワーワー騒ぎ立てられるのは気分のいいものではなかったはず。仮に、親がそのときは言うことを聞いてくれたとしても長続きさせるのは難しいでしょう。

連れ合いを亡くしたことがきっかけで、外出する気力がなくなるというケースも珍しくありません。

出かけるときはいつも夫婦一緒。そんな、御神酒徳利のような仲良し夫婦が、配偶者を亡くすと、すっかり落ち込んでしまい、外出する気力も失せてしまうといったこともあるかもしれません。

悲しみが癒えるには時間もかかります。落ち込むあまり、食事もろくにとらないといったことがないよう暮らしぶりを見守りながら、話に耳を傾けることも大切です。あまりに悲しみが強く、日常生活を取り戻すのが困難な場合には精神科医やカウンセラーなど専門家の力を借りる必要も出てくるかもしれません。

また、配偶者との死別といった大きなライフイベントに遭遇しなくとも、ふとした拍子に人付き合いがわずらわしくなることもあります。

親しく付き合っていた相手と話が合わなくなることもあれば、仲違いすることもあるかもしれません。頭ごなしに「引きこもっていては良くない」と断じるのではなく、親の言い分を聞いてみましょう。人間関係そのものの改善は難しくとも、生活の困りごとを知るヒントになる可能性があります。

同じ引きこもりであったとしても、「外出する気はあるけれど、身体がついていかない」のか、「外出する気が起きない」のかは探る価値がありそうです。どちらに該当するのかによって、その後のアプローチの方向性も変わります。

親に質問しても、はっきりとした理由が見えてこない場合には深追いせず、タイミングを変えて、継続的にヒアリングします。子ども世代としては早々に原因を突き止めたいところですが、焦りは禁物。問いただすようなコミュニケーションは親が心を閉ざす原因にもなりかねません。

親自身も自分ではよくわからず、答えたくても答えられないといったことも十分考えられます。また、「子どもには話したくない」という可能性もあります。もし仲のいい親戚が近くにいれば、事情を説明し、それとなく親の気持ちを聞いてもらうのも一案です。

「父が2年前に亡くなって以来、78歳になる母がまったく外出しなくなってしまったため、妹とふたりで京都旅行を計画しました」と教えてくれたのは、神奈川県在住の貴子さん（仮名・53歳）。京都は以前から母親が行きたがっていた場所で、父親の病気で計画が繰り延べになっていたそう。思い切っての母娘3人の旅は盛り上がり、「いい思い出になった」と母親も喜んでくれたのですが、帰宅した途端、「足が痛い……」と大騒ぎに。

かかりつけの整形外科に行くと、まさかの疲労骨折が判明しました。「お互い無理をしたつもりも、無理をさせたつもりもありませんでしたが、母の老いの現状を見誤ってしまったと反省しています」と貴子さんは語ります。

子どもは親のことをよく知っていると思いがちですが、それは若い頃の親の姿かもしれません。年を重ねれば、体調や暮らしぶりは変化し、「当たり前」の中身も変わっていく。だからこそ、今に目を向け、お互いにとって負担の少ないかかわり方を探っていく必要があるのです。

栄養バランスの管理

昨年父が亡くなりました。
それ以来、ひとり暮らしになった母は
あまり料理をしなくなりました。聞くと
「ひとりの食事は張り合いがない」と言います。
栄養のバランスも気にしていないようで、
母も体調を崩すのではないかと心配です。

（48歳・女性）

年齢を重ねるにつれ、食生活は乱れがちになると言われます。子育て中は栄養バランスに気を使っていた人も子どもたちが独立し、夫婦ふたりの生活になると関心が薄れることもしばしばあります。ひとり暮らしになると、さらに食事が不規則になることも。

高齢期に必要な栄養がしっかりとれていない「低栄養」の状態が続くと、心身が弱り、要介護状態や寝たきりになるリスクが高まる恐れもあります。家族としても、食生活の乱れは心配の種です。

しかし、「きちんと食事をとって」「栄養バランスに気を付けなくちゃダメでしょう」などとガミガミ叱ったところで、なかなかその思いは届かないのが悩ましいところ。むしろ、ダメ出しをすればするほど、「どうしてそこまで否定されなければいけないのか」「親の生活にえらそうに口を出すとは何ごとか」と、心を閉ざす原因になりかねません。

子どもの目から見ると、あまりにいい加減な食事をしているように見える。それは、無意識のうちに、若くて元気だった頃の親の行動と比べてしまっているせいかもしれません。しかし、「年をとったらこんなもの」と楽観視していたら、実は着々と低栄養が進んでいる可能性もあります。

親の栄養状態が気になり始めたら、さりげなく食生活を把握することから始めてみましょう。子どもから見て「栄養バランスが悪そうに見えるから」というだけに留まらず、かかりつけ医に相談し、専門家から見た客観的な意見も参考にしたいところです。

低栄養を改善するために何らかの介入が必要だとわかった場合も、「きちんとして！」「しっかり食事をとって」などと厳しく注意するだけでは、成果につながらないことを肝に銘じる必要があります。

誰しも苦手なもの、面倒くさいものは食べたくないと思うのは自然なことです。「健康にいいから」と言い聞かされても、なかなか〝その気〟にはなれないし、長続きもしづらいものです。

では、どうすればいいのでしょうか。

狙いを定めて、ご本人が「好きな食べ物」（少なくとも苦手ではない食べ物）からアプローチしていきましょう。

高齢の方の多くは「米を残すのはバチが当たる」とごはん(炭水化物)は積極的にとる一方で、肉や魚などのタンパク質が不足しがちな傾向が見られます。長年の習慣を変えるのは難しいのですが、「テレビの健康番組で『おかずから食べると健康にいい』と聞きました」と繰り返し伝えることで、意識が変わってくれることもあります。

このとき、苦手な食べ物を無理強いしないことも重要です。例えば、同じ乳製品でも「牛乳が好き」という人もいれば、「牛乳を飲むとおなかが下るからイヤ。ヨーグルトなら食べる」という人もいます。

味の好みは昔から変わらない部分もあれば、年を重ねて変化する部分もあります。「あれはイヤ。これは食べたくない」という訴えをワガママだと思うと腹が立ちますが、より的確な食事戦略を立てる情報だと考えると、少しストレスがやわらぐかもしれません。何も言わずに黙って不満をくすぶらせるタイプよりも、ブーブー文句を言ってくれる親のほうが対応策も立てやすいという見方もできます。

そして、食生活に関しては、子ども側が大真面目にとらえすぎないようにするのも重要です。

かくいう私も、介護が始まったばかりの頃は、義父母の食生活が心配で胃がキリキリするような思いをしたこともあります。何しろ、冷蔵庫の中には賞味期限切れの食材がぎっしり。テーブルの上には食べかけの食事がラップもかけずに置かれていて、処分しようとすると「捨てないで」と義母に叱られる。「せめて冷蔵庫にしまわせてほしい」とお願いしても、「うちは昔からこうしてたの」とピシャリと言われ、とりつく島もなかったのです。

かといって、自宅から片道1時間半近くかかる夫の実家まで、食事の面倒を見に行くというのは現実的ではないし、そんなことをしたらパンクしてしまうのは目に見えてました。悶々とする私を笑い飛ばしてくれたのはケアマネさん、そして実の母親でした。

ケアマネ「ご心配でしょうけど、案外みなさん、本当に食べてはいけないものはよけて食べる方が多いんですすよ」

母「一度や二度、おなかをこわしてもすぐ命にかかわる状態じゃないでしょう。おなか減ったら、クッキーでも何でも家にあるものを適当に食べるでしょう」

言われてハッとしました。少し前まで、義父母の食事を心配したことなどありませんでした。すでに十分高齢でしたが、生活ぶりを知らなかったのでハラハラする理由もなかったのです。介護が始まったことで急に気になり始めてしまったけれど、義父母には義父母の生活のペースがあるわけです。

いくら「健康のため」であったとしても、強引に生活習慣を変えようとすると、必ずどこかでひずみが出ます。例えば、熱中症を防ぐために水分をしっかりとってほしいと思うなら、親が手にとりやすい場所に飲み物を用意するのが最初の一歩。離れて暮らしていても、ペットボトルのお茶を切らさないよう補充するなど、できることがあります。緑茶とほうじ茶、麦茶ならどれが一番飲み慣れているかなど、ここでもやはり、親の好みに沿うほうが受け入れてもらいやすくなります。

本当に困っている箇所、介入すべきポイントを見極めて、小さなサポートから始める。そうすると親はもちろん、子どもにとっての負担を減らすことにもつながるのです。

知っておきたい介護ハック❶

ごみ捨て支援

高齢になると、ごみを細かく分別し、決まった曜日にごみ集積場に運ぶのもひと苦労です。現在、全国の23.5%の市区町村では何らかの形でごみ出し支援が実施されているとされます。例えば、東京都港区では「65歳以上の方のみの世帯」を対象に、週2回の訪問収集（玄関先まで収集に来てくれる）を実施。大阪府摂津市では「おおむね65歳以上で歩行や両足での立位保持に常時支えが必要である一人暮らしの世帯」などいくつかの条件を設け、該当すれば、職員がごみ回収と声かけによる安否確認を行う「ふれあい収集」を利用できます。

対象や方法は自治体によっても異なるため、親が暮らす地域でこうした取り組みが行われているかどうか調べてみることが最初の一歩です。また、介護保険制度を利用し、訪問介護（ホームヘルプ）の一部として、ごみ出しを支援してもらう選択肢もあります。市区町村の高齢福祉課やケアマネジャーに相談し、使える制度はしっかり活用していきましょう。

第2章

親の通院・入退院

救急搬送の備え

つい先日、高齢の叔母が脳梗塞で倒れ、救急車で運ばれました。
自分の両親も80代後半にさしかかり、他人事ではないという思いです。
離れて暮らしているため、何かあってもすぐ駆けつけることができません。
どうやって万が一に備えておけばいいのでしょうか。

（60歳・男性）

親が高齢になると、いつ救急搬送が必要になっても不思議ではありません。総務省消防庁によると、2019年中に救急搬送された人数は596万2995人。そのうち、約6割を65歳以上の高齢者が占めていました。

私は義父母の認知症介護が始まってから3年間で4回、救急搬送を経験しました。そのうち、2回は私が救急車を手配しました。

「おふくろから電話がかかってきたけれど、話が要領を得ない。かけ直してみてくれないか」外出中の夫から電話がかかってきたのは2018年1月下旬のことです。義母は夫に「お父さまが朝から寝込んでいる。左半身がしびれているみたい」と相談し、夫が「往診でお世話になっているK先生に電話して」と伝えると、「わかった」と電話を切ったといいます。

夫の実家に電話をかけると、すぐ義母が出ましたが、聞くと「電話はまだしていない」という答えが返ってきました。「だって、よくわからないもの……」と不安そうな義母をなだめ、K医師に連絡をとると直接、義父母とやりとりしてくれるとのことでした。そう聞いてホッとしたのも束の間、数分後には「緊急性が高いので今すぐ救急車を手配してください」とK医師から連絡が入りました。

そこからはもう生きた心地がしませんでした。

K医師に言われるまま、119番に電話し、夫の実家の住所を伝えました。遠方から駆けつけ、現地から救急車を呼ぶより、搬送先で合流するほうが時間のロスが少なくて済むと助言されたのです。また、K医師のアドバイスどおり、「親が高齢で自分たちでは対応できない可能性があるので、救急隊が着いたら折り返し携帯電話に連絡がほしい」ともお願いしました。

ところが、「携帯電話への連絡はお約束できません」と断られます。聞いてた話と違う！と焦りながら義母に再度電話をかけ、私の携帯番号をメモしてもらいました。

「救急車が来たら、メモを渡して『とにかく、この子に連絡して』と言ってください」

義母にはそのようにお願いしましたが、どこまで伝わったかわかりません。不安が残るまま、夫に状況をメールし、夫の実家に向かいました。

結局のところ、救急隊員から電話がかかってきました。

「娘さんですか？　カギの場所わかりますか」

電話をとるなり、そう質問されて絶句。どうやらカギが見つからず、出発できずにいるようです。

「おかあさんを残して行っても良ければすぐ出発できるんですが……」

「義母も一緒に連れて行ってください！　義母も認知症なので徘徊の恐れが……」

「なるほど」

そんな相談をしていると背後から「カギありました！」と別の救急隊員の方から声がかかりました。なんとか救急車に乗り込み、出発できる体制が整ったようです。


義父が搬送されたのは近所にある総合病院。外出先から駆けつけた夫がまず到着し、その後、私が現地で合流しました。左半身のしびれから脳出血などが疑われましたが、脳には異常なし。肺炎による脱水症状があるとのことで点滴を受けた後、抗生剤を処方され、自宅に戻ることに。救急車を呼んだのは夕方でしたが、帰宅した頃には夜23時を回っていました。

のちに、東京消防庁に聞いた話では、市区町村ごとに管轄する消防本部が決まっており、119番通報の場合、必ずしも現場の管轄に転送してもらえるとは限らないとか。できれば事前に親の住所地を管轄する消防本部の連絡先を調べておいたほうが良いそうです。

もし、親が認知症の場合には、通報時にあわせて係員に伝えてほしいとも聞きました。連絡については「搬送先がわかったら連絡をください」と伝えるのが確実だとか。というのも、救急隊が到着した直後は、一刻を争う状況の可能性があります。まさに「連絡はお約束できない」というわけです。

義父母はともに80代後半と高齢だったため、いつかは救急搬送があるかもしれないと覚悟はしていました。紛失防止の意味もあって、健康保険証は預かっていたし、救急搬送に備えて現金数万円は常に手元に置いています。これは、搬送直後の病院での精算用です。最近はクレジットカード払いができる病院も増えているけれど、現金払いのみというところもまだまだある。病院内にATMがあっても、時間外で使えない可能性もあるし、コンビニATM

を使おうにも、近所にコンビニがあるとも限らないためです。
いざとなったら、まとまった現金と暖かい上着、そしておにぎりなどの軽食などを持って駆けつけよう。そう腹づもりし、準備万端のつもりでいましたが、「カギがない」は盲点でした。一刻を争う場面では文字どおり、致命的な失態にもなりかねません。

この救急搬送騒動の後、親が持ち歩くものとは別の合鍵をあらたに作成しました。そして、普段は目につかないけれど、いざというとき電話口で誘導しやすいところを定位置に決め、家族で情報を共有しておくことに。また、電話機の近くには家族の連絡先を大きく書いて貼りました。

親本人が119番通報したものの、到着した救急隊員とうまくやりとりができない可能性もあります。もしかしたら、近所の人が異変に気付いて119番してくれるケースもあるかもしれません。緊急事態はいつ訪れるかわからないからこそ、ひとつひとつ課題をあぶり出し、備えを固めていくことが大切です。

入退院の手続き

両親がそろって健在なうちはいいけれど、
いずれは子どもが入退院の手続きを
しなくてはいけなくなるんですよね……？
離れて暮らしている場合には
どうすればいいのでしょうか。

（45歳・女性）

入院にあたっての手続きでは「入院保証人」が求められます。この保証人は、入院中の費用の支払いを保証するもので、緊急連絡先を提出するとともに、「入院保証金」を支払います。入院保証金は病院によっても異なりますが、5〜10万円くらいのことが多いようです。退院時にかかった入院中の費用から差し引く形で精算されます。

入院時に必要な衣類などは病院内の売店で購入できるほか、レンタルも充実しています。寝間着やパジャマはレンタルを利用すれば、着替えの用意や洗濯の手間は省けます。

我が家の場合は、認知症介護が始まってから合計4回の「親の入院」を経験しました。いずれも入院保証人は、長男である私の夫が引き受けています。入院保証金はいったん立て替えた後、親の預貯金から支払いました。入院中の着替えのレンタル代についても同様です。入院した時点ですでに介護が始まっており、医療費や介護費の支払いについても親と話し合いが終わっていたので、支払いに関する戸惑いは少なくて済みました。

まだまだ元気だと思っていた親が突然倒れるケースもあるため、少なくとも「急な入院のときどうするか」についてはできるだけ早いタイミングに家族で話し合っておくことをおすすめします。

入院すると、一般的に入院日から退院日までの予定表が記載された「入院時診療計画書」が渡されます。今後の見通しを立てるのに役に立つため、もらったら必ず目を通します。ただ、病気によっては標準的な経過が把握しづらいなどの理由から、作成されないこともあるようです。

実際、義父が入院した際には「精密検査の結果を見ながら、様子を見ます」と言われていて、次に電話がかかってきたときには「もう退院できますが、どうしますか」という連絡だったこともありました。

有料老人ホームなど施設から入院した場合には、施設との調整さえつけば、退院後の生活も、さほど心配はありません。食事介助などあらたに必要なケアが加わったとしても、施設で対応してもらえるからです。

しかし、在宅の場合はこんなトラブルに遭遇する可能性があります。

「ひとり暮らしをしていた母親（83歳）が骨折して入院したのですが、病院から退院の打診があった時点ではひとりでトイレにも行けないような状況でした。これで『退院できます』と言われて、どうしろというのでしょうか……」

こう憤慨する康宏さん（仮名・52歳）は3人兄妹ですが、いずれも実家を離れており、家族が退院後の母親の暮らしを手助けするのは難しい状況にありました。

子ども世代の多くは「退院」というと、「元どおりの生活に戻れる状態」をイメージしがちです。しかし、実際には「元どおりの生活は難しいけれど、医療的な措置はひととおり終了した状態」も存在します。家族としては、元どおりの生活が送れるまで入院させてほしいと考えるのはごく自然なことです。しかし、入院生活が長引き、ベッドで寝たり起きたりの生活が続くと、身体機能が低下し、元どおりの生活に戻りづらくなるということも念頭に置く必要があります。

とはいえ、元の生活に戻れない状態で急に退院を切り出されても困ってしまいます。こんなとき、大切なのはまず、「退院後の生活に不安があること」を病院側にしっかり意思表示することです。

「自宅に戻っても親はひとり暮らしのため、生活を支援できる人がいない」「高齢の両親がお互いの世話をする状態になるため、共倒れになる可能性がある」など、抱えている不安を率直に伝えます。

ある程度の規模の病院では「地域医療連携室」「総合相談室」などと呼ばれる部門を設けており、「医療ソーシャルワーカー」が相談に乗ってくれます。

例えば、うちの義父の場合、最初に肺炎で入院したときは退院後、介護老人保健施設に入所しました。数か月間のリハビリ生活を送り、自宅で生活できるだけの体力を取り戻した上で、満を持して自宅に戻ったのです。

義父はすでに要介護認定を受けていて、状態も大きく変わらなかったため、介護保険に関する手続きはありませんでしたが、介護保険をまだ利用していない場合は入院中に手続きを進めておくとスムーズです。要介護認定に必要な認定調査は入院先でも実施できます（調査員が入院先まで来てくれます）。

退院相談の際、気を付けたいのが「引き続き入院させてほしい」という結論ありきではなく、「退院後の生活」を成立させるためにどのような選択肢があるかを相談することです。

「まずは退院して、あとのことは自宅に戻ってから考えよう」「家族が交代で手助けすればなんとかなる」と結論を先送りするのもおすすめできません。短期間で元の生活に戻れるとは限りません。ご本人も家族も、無理なく生活を続けていけるよう、必要なサポートは退院前にしっかり確保する。親が介護サービスの導入に抵抗感があるような場合にはなおさら、医師や看護師、医療ソーシャルワーカーといった専門職から必要性を説明してもらうほうが、受け入れてもらいやすくなるという利点もあります。

いざというときのお金

親が高齢になってきて、いざというときのお金をどうするか、相談しておきたいのですが、切り出し方がわかりません。

（47歳・女性）

入院や介護にかかる費用は通常、親本人の年金や預貯金でやりくりすることになります。子ども世代が出し合うケースもありますが、親自身の経済力を超えた医療や介護体制を組むと、親子が共倒れするリスクは高まります。

生命保険文化センターが行った調査によると、介護期間は平均4年7か月ですが、10年以上というケースも全体の14・5％を占めます。介護が始まったときの健康状態や暮らし向き、病気の有無や種類などによっても状況は変わります。親の残り寿命を短く見積もりすぎると、せっかく親が元気に長生きしてくれているのに喜べないという本末転倒なことにもなりかねません。

ただ、親の年金や預貯金を医療費、介護費にあてるためにはまず、親がどれぐらいのお金を持っているのか、把握する必要があります。ここで悩ましいのが、親の資産状況をどうヒアリングするかという問題です。

「月々の年金額はいくら？　預貯金はどれぐらいある？」

「預貯金以外に、有価証券や不動産は持っている？」
「年をとって、自分たちで暮らすのが難しくなったとき、どうしようと考えている？」
など、聞きたいことはたくさんあります。

しかし、尋問のように質問攻めにするのは考えものです。「きょうだい間で隠し事をしたくないから」と家族全員がそろったところで、おもむろに切り出すというのも、おおげさな印象ばかりが先に立ち、親の警戒心をかき立てる可能性があります。

では、どうすればいいのでしょうか。

まず、大切なのは「親のお金について聞きたいのは、あくまでも親が安心して暮らしていくことをサポートするため」ということを誤解なく伝えることです。

普段から親子のコミュニケーションがとれている関係であれば、あれこれ前置きするよりもストレートに「いざというとき、どのお金を使えばいい？」と質問してみるといいかもしれません。

「そろそろ話をしたいと思っていた」と、こちらが想像していた以上に、親がたくさんの情報を教えてくれる可能性もあります。

親がまだ元気な場合には「心配しなくてもいい」「こちらで適宜やるから大丈夫」などといった答えが返ってくるかもしれません。

そんなときは「知り合いのお父さんが倒れたとき、けっこうな額の入院費用がかかって大変だったらしい」「入院するときの保証金を誰が払うかで困ったと聞いた」など、周囲の実例を伝えてみるのも一案です。

ただ、それでもなお、親がお金に関する話題を避けるようであれば、深追いしないことをおすすめします。焦って無理矢理聞き出そうとして、不信感を深めては元も子もありません。これだけのやりとりでは、親がなぜ話したがらないのかまではわかりませんが、ひとまず今回は話題にできただけでＯＫとし、次の機会を探りましょう。

親の確定申告を手伝うことも、経済状況を知るきっかけになります。1年間の医療費が10万円以上かかっている場合は「医療費控除」の対象になり、確定申告をすると税金が還付されます。また、医療費が10万円を超えない場合も、ドラッグストアで購入できる特定の医薬品の購入費用を対象とする「セルフメディケーション税制」が適用される可能性があります。

医療費控除を受けるためには「医療費控除の明細書」を作成し、所得税の確定申告書に添付して所轄税務署に提出する必要があります。こうした手続きを手伝うと申し出る形であれば、親としてもお願いしやすいかもしれません。子ども世代としても、確定申告の手続きの過程で通帳などを確認する機会があるため、おおよその資産状況を確認できるという利点があります。

確定申告を手伝うことは「金銭管理を任せても大丈夫」という親の信頼感を育むのにも役立ちます。

我が家は、医療費や介護費用について話し合うタイミングを逃したまま、義父母の認知症介護がスタートしたため、当初は誰が費用を負担するのかも曖昧で、ずいぶん不安な思いをしました。

幸いなことに、夫が「今後は必要な支払いの手続きを代行させてほしい」と切り出したとき、義父は「わかった、よろしく頼む」と二つ返事で承諾してくれました。通帳やキャッシュカードをあっさりと預けてくれたのは、義父自身も金銭管理に不安を覚えていたからかもしれません。加えて、それ以前から確定申告を手伝っていたことで一定の信頼は得ていたのではないかとも考えています。

金銭管理へのこだわりは千差万別です。ときには「自分では管理できなくなっているんだから、任せてくれないと仕方がないじゃないか」と、いらだつこともあるかもしれません。しかし、結論を急ぐあまり、親の気持ちをないがしろにするのは得策ではありません。大切なお金を預けるなら、自分を傷つけたり、軽んじたりしないほうがいいと思うのは自然なこと。信頼関係の構築を最優先するのは一見、遠回りですが、実は老後のお金の苦労を遠ざけるための最短ルートなのです。

高齢で通院が困難

老親から「病院通いが大変」
という愚痴をよく聞くようになりました。
ただ、離れて暮らしているので
付き添うのは難しいのが
現状です。何か解決する方法は
あるものでしょうか。
（55歳・男性）

高齢になると、足腰の痛みや認知機能の低下などさまざまな理由から「ひとりで通院するのが難しくなる」という問題が浮上します。しかも、定期的に通院しなければいけない持病が複数あることも珍しくありません。

同居や近居であれば、家族が付き添うという選択肢もありますが、通院の頻度が多くなると、付き添いの負担も軽視できません。大きな病院では数時間待ちが当たり前というところもあり、ひとつの科を受診するだけで半日がつぶれてしまうことも。それが毎週のように続けば、受診する親本人はもちろん、付き添う家族も疲れ果ててしまいます。

では、家族が付き添う以外にどのような選択肢があるのでしょうか。

訪問介護（ホームヘルプ）は介護保険によるサービスのひとつで、ヘルパーが自宅を訪問し、食事や入浴、排泄などの「身体介護」、調理や買い物、洗濯といった「日常生活の援助」のほか、希望すれば「病院の行き帰りの同行」も依頼できます。待合室で一緒に受診を待つとなると、介護保険の対象外。どうしてもお願いしたい場合には、全額自己負担の自費利用になります。

一方、自宅に医師が訪問してくれる「訪問診療」を利用するという選択肢もあります。かかりつけの医師が定期的に訪問してくれるほか、突発的な体調不良や急変にも対応してもらえるという利点があります。

我が家の場合は、義父母の認知症介護が始まった時点で、義父は近所の一般内科、泌尿器科、歯科、皮膚科など、義母は一般内科、甲状腺内科、整形外科などにそれぞれ通っていました。

自宅から夫の実家までは片道約1時間半かかります。通おうと思えば通えない距離ではありませんが、義父母の受診にすべて付き添うのは負担が大きすぎるというのが正直な気持ちでした。

そこで、月1回のもの忘れ外来受診の付き添いを最優先とし、それ以外の受診についてはいったん、保留にしました。というのも、家族としてはすぐにでも訪問診療に切り替えたかったのですが、義父母が「長年お世話になってきたのに、ほかの先生にかかるのは申し訳ない」と、いやがったのです。

そうはいいながらも、どこに通院しているのか、本人たちに聞いてもあやふやな答えしか返ってきません。幸い、診察券はひととおりそろっていたため、片っ端から電話をかけ、「高齢でもの忘れが増えている」「スケジュールや薬の管理が難しくなっているため、受診したら教えてほしい」などとお願いし、支払いを忘れるなど困りごとが生じたときのために、私の携帯番号を各クリニックの窓口の方に伝えました。

本人たちはこれまでどおり、「ひとりで受診」ができるつもりでいるけれど、実際には健康保険証をなくすこともあれば、予約したことを忘れることもありました。薬をもらってきたのはいいけれど、数日後に紛失してしまったこともしょっちゅう。また、義母は徒歩数分の整形外科に行った帰り道、1時間近く迷子になったり、ショッピングカートを置き忘れてみたり……。こうしたトラブルを幾度となく重ねながら、次第に、「訪問診療だと先生が家に来てくれるので便利」という説明を受け入れてくれるようになりました。

訪問診療を手がけるクリニックと契約したのは、認知症介護がスタートしてから約3か月後のことです。もの忘れ外来受診も、訪問診療にまとめるという選択肢もありましたが、あえてそうしませんでした。

月に1回、夫と私が付き添い、義父母と一緒にタクシーで移動し、もの忘れ外来に向かいます。そして、受診後は義父母のお気に入りの店で外食し、自宅に戻るのが常でした。

「今日のお昼は何を食べましょうか」

「そうだなあ。しゃぶしゃぶがいいかな」

昼食の相談をする義父母は毎回、とても楽しそうでした。すべて訪問診療にまとめれば、受診付き添いの手間は省けるけれど、この「お楽しみ」を奪うのはしのびない。月1回ぐらいであれば、なんとかしようじゃないかと夫婦で相談して決めたのです。そしてこの習慣は、義父母が有料老人ホームに入所するまで続きました。

どうすれば無理なく必要な受診が継続できるのかは、親の健康状態や支援する家族の状況によっても異なるかと思います。

うちの義父母もそうでしたが、あまりにたくさんの定期受診先がある場合は、まずは通院状況の把握が最初の一歩です。一気に整理整頓しようとすると、親もこちらも混乱するため、当初は「通院をやめると命にかかわるもの」の対応に限定するといった割り切りも大切です。

親が通い続けたいというのを「通う必要はない」と断じるのは、いささか性急です。かといって、親に言われるまま、すべて付き添う必要はありません。付き添いたい気持ちはあるけれど、できることには限りがある。もし親が感情的になったとしても、こちらは穏やかに、事実を率直に伝えるのがポイントです。

インフルエンザ対策

高齢になってから
インフルエンザにかかると、
重症になりやすいと聞きました。
予防接種をしたほうがいいのでしょうか。
親に聞いても、「予防接種をしても、
かかるときはかかるから」
と興味がなさそうです。

（55歳・男性）

毎年12月から翌3月頃にかけて流行する季節性インフルエンザは、インフルエンザウイルスによる感染症の一種です。年齢を問わず、誰もがかかる可能性がありますが、高齢の方や慢性疾患がある方がインフルエンザにかかると、重症化しやすいことが知られています。また、ワクチン接種による重症化防止のメリットが大きいことから予防接種がとくに奨励されています。予防接種法に基づく定期のインフルエンザ予防接種の対象となるのは次の（1）～（3）に該当する人です。

（1）65歳以上の方
（2）60～64歳で、心臓、じん臓若しくは呼吸器の機能に障害があり、身の回りの生活を極度に制限される方（概ね、身体障害者障害程度等級1級に相当します）
（3）60～64歳で、ヒト免疫不全ウイルスによる免疫の機能に障害があり、日常生活がほとんど不可能な方（概ね、身体障害者障害程度等級1級に相当します）

多くの市区町村ではこれら（1）～（3）の条件に当てはまる人は公費による一部助成の対象となっています。ただし、ワクチン接種は義務ではなく、あくまでも任意。補助額や助成期間は市区町村によって異なります。厚生労働省の「インフルエンザQ＆A」では「12月中旬までにはワクチン接種を終えることが望ましい」と解説されています。

介護が始まり、通所介護（デイサービス）や通所リハビリ（デイケア）などに通い始めると、施設側から「インフルエンザの予防接種はお済みですか？」と確認される機会が増えます。高齢の方がたくさん集まるため、自分たちはもちろん、ほかの方にうつさないためにも、予防接種を受けることを促されるのです。

逆に、親がまだ元気いっぱいでこうした介護サービスを利用していない場合、本人や家族が意識的に予防接種をしなければ、せっかくお住まいの市区町村に助成制度があっても、利用しないままになってしまう点は要注意です。案内が届いていても、そのまましまいこみ、忘れてしまうケースも珍しくありません。「毎年、11月に入ったら予防接種を検討する」などルールを決めて、あらかじめカレンダーに書いておくといった工夫も大切です。

また、親が高齢になってきたら「インフルエンザにかかった場合、自宅療養期間をどのように過ごすのか」についてもシミュレーションしておく必要があります。

寝込んでいる間、同居や近居の家族がサポートできるのであれば、さほど心配はありません。しかし、離れて暮らしている場合は買い物や食事をはじめ、日常生活のサポートの問題が急浮上します。

例えば、ネットスーパーでの買い物や食材宅配サービス、ネット通販などに日頃から慣れておくと、「外出が難しく、買い物に出ることもできない」といった場面に直面してもあわてずに済みます。

以前、「働くわたしたちと親の老い——同居しないという選択」というテーマでトークイベントを開催した際、話題になったのがセブンイレブンの配達サービス「セブンミール」です。お弁当や食材、半調理された「ミールキット」のほか、飲料やスイーツ、日用品、介護用品なども充実。メールアドレスなどを登録すればいつでも注文でき、2回目以降は電話注文もOKなのが特徴です。

トークイベントの登壇者のひとり、ブロガーの和田亜希子さんはご両親が立て続けに病気で倒れ、看病に追われたときに、このセブンミールを活用して急場をしのいだという体験談を披露。「高齢の方はもちろん、料理が苦手な人や普段は自炊しているけれど、たまには手を抜きたいという場面でも活用できるサービスだと思う」とアドバイスしてくれました。

あらかじめ登録しておけば、いざというときもスムーズ。さらに、親と一緒に試しに何度か注文し、慣れておくと、すぐには駆けつけられないときも安心できそうです。サービスによって取り扱い商品や使い勝手はさまざま。親が暮らすエリアではどのような選択肢があるか、どれが一番ストレスなく使えるかなど、リサーチしてみることをおすすめします。

さらに、日常生活の中で何らかのサポートが必要な段階に来ている場合は、もう一歩踏み込んだ対策が必要かもしれません。

私自身がそれを痛感したのは、義父が風邪をこじらせ、肺炎になり、緊急入院したときです。受け入れ先の病院が見つかってほっとしたのも束の間、主治医から「インフルエンザ検査が陽性だった場合は治ってからの入院になる」と告げられました。ほかの入院患者さんに感染する可能性があるというのがその理由です。

幸い、陰性だったため、すぐ入院できましたが、陽性だった場合、向こう1週間は自宅療養をせざるを得ない状況でした。

インフルエンザをはじめとする感染症がある場合、ほかの利用者への感染リスクがある方は受け入れを断るという施設が大半です。訪問看護や訪問介護は事業所によっても判断が異なるため、あらかじめ確認しておくことをおすすめします。

ちなみに、うちの場合は2つの訪問介護事業所からヘルパーさんに来てもらっていましたが、週4回入ってもらっていたA社は「インフルエンザのときも大丈夫ですよ」と即答してくれました。一方、週に1回だけお願いしていたB社からは「訪問回数が少なく、生活の様子が把握できてないので現時点ではお約束できない」と玉虫色の回答が返ってきました。

なるほどと思い、担当ケアマネジャーと相談し、B社の訪問回数を増やすなど調整し、翌年には「問題なく入れますので安心してください」と言ってもらえる状態にこぎつけました。あらかじめ確認することで、こうしたあらたな対応策が見えてくることもあります。

知っておきたい介護ハック❷

介護タクシー

移動時の介助が必要なときに活躍するのが「介護タクシー」です。一般的に介護タクシーの車両はリフトやスロープがついていて、車椅子に乗ったまま、あるいはストレッチャーに横になったままの乗車が可能。また、介護関連の資格を持った運転手が乗り降りの際に介助してくれるのも特徴です。介護保険を使って利用する場合、対象は「要介護1以上で、ひとりで公共交通機関を利用できない方」。用途も細かく定められており、ケアマネジャーに相談し、ケアプランに盛り込んでもらう必要があります。

一方、介護保険を使わない場合は全額自己負担になりますが、利用目的は自由。例えば、運転手による乗降介助などの支援を受けながら、旅行やお墓参りに行くといったこともできます。また、施設に入所する際、大荷物を抱え、さらに足元のおぼつかない老親の乗り降りを介助するとなると大変。そんなときは介護保険外で介護タクシーを利用するのも一案です。車両が限られているため、必要になったら早めの予約を。

第3章

親の介護

親の介護について相談する

うちはまだ介護が始まっていませんが、親が高齢なので、いつ介護が必要になっても不思議はなさそうです。いざというとき、どこに相談すればいいのか知りたいです。

（48歳・女性）

「昨日まで元気だった親が突然、脳梗塞で倒れて麻痺も残った状態で退院する」
「以前からもの忘れがひどくなったとは思っていたけれど、認知症は考えていなかった」
「そろそろ介護が必要かもしれないとうすうす感じていたが、本人が『大丈夫』というので……」
「自宅で転んで骨折し、動けなくなってしまった」

突然の病気やケガに見舞われたことがきっかけで介護が始まることもあれば、認知症の予兆を家族が見逃すこともあります。また、夫婦のうちどちらかが亡くなることで、残されたほうがガクッと弱ってしまい、生活がままならなくなるケースも多く見られます。
ただ、ストレートに困りごとを子どもに打ち明ける人は稀です。多くの親は、困りごとを隠し、平気なフリでやり過ごそうとします。「支援や介護が必要」という現実を受け入れるのは勇気がいることです。子どもから見れば、「なぜ、年をとったことを自覚できないのか」と歯がゆく感じるかもしれません。「大丈夫と言い張られるほうが困る」とイライラすることもあるでしょう。しかし、たいていの場合は親本人も、自分の変化に気付き、「何かおかしい」と不安を感じています。ただでさえ不安なところに子どもからガミガミ言われたら、強く反発し、聞く耳を持たなくなっても不思議はありません。

介護の必要性に迫られたとき、親は不安のまっただ中にいる。そのことを念頭に置いた上で、サポートしていくことが大切です。

とはいえ、子ども側も多くの場合は、介護は初体験。右も左もわからず、どこに相談すればいいのか……と途方に暮れてしまうことも少なくありません。

介護について総合的な相談窓口としての役割を担っているのは地域包括です。住所ごとに管轄が決まっているため、「親の住所地（市区町村）＋地域包括支援センター」でインターネット検索するか、親が暮らす市区町村の高齢福祉課に問い合わせれば、所在地や電話番号などを知ることができます。

地域包括では社会福祉士や保健師、主任ケアマネジャーといった専門資格を持つ職員が無料で相談に応じてくれます。介護施設や医療機関、市区町村などと連携していて、地域包括だけでは対応できない相談内容の場合、適切な窓口につないでくれます。

我が家の認知症介護も、地域包括に相談に行ったことで状況が大きく前進しました。夫の実家に、いとこが遊びに来た際に「おばさま（義母）の様子が少しおかしい？」と気付き、その場で地域包括にスマホで検索し、連絡。「相談に行くといい」と勧めてくれたのが最初のきっかけです。

地域包括では、義父母がこれまでどおり、夫婦ふたりでの暮らしを続ける上でどのようなサポートが必要か、介護保険を利用するための手続きや主治医探し、受診の段取りなど具体的な内容に踏み込んで相談することができました。

「地域包括に相談したけれど、対応が不親切だったので相談するのをあきらめた」

「介護経験のある友だちが『地域包括に相談してもラチがあかない』と言っていたので、相談していない」

こんな話を聞くこともあります。職員の対応には地域差や個人差があるという指摘もたびたび耳にします。私自身も、同じ地域包括に電話をかけているのに、対応した人によってここまで違うのかと、その差に驚いた経験があります。

それでもやはり、相談窓口として地域包括を活用しない手はないと考えています。

地域包括は、その地域の介護にまつわる情報が集まっています。多少の当たり外れがあったとしても、敬遠するのは惜しいと思うのです。

地域包括への相談で満足のいく回答が得られなかったのは、相談内容があまりにも漠然としていた可能性もあります。

離れて暮らす母親を心配し、地域包括に相談に行ったというある女性は「困りごとが起きてから来るようにと、追い返された！」と腹を立てていました。ただ、よくよく聞くと、彼女が伝えた内容は「親が年をとってきて不安」「介護が必要な気もするけれど、本人は大丈夫だと言っている」というものでした。職員が「困りごとが起きてから来てください」と言うのも無理もない内容だったのです。

「火の消し忘れがあり、火事の心配がある」「外出したときに迷子になる」など一歩間違えば命にかかわるような、のっぴきならない状態であれば、そこを最優先で伝えます。そうすることですみやかに対応してもらえる可能性が高まるからです。

今のところ、命にかかわるほどではなさそうだという場合も、困りごとや心配ごとはできるだけ具体的に伝えるのがコツです。地域包括は介護相談に対応するだけではなく、高齢者向けの体操教室をはじめとする介護予防のための取り組みも行っています。
「父親が亡くなってから、母親が家にとじこもりがちになっているのが心配」「年をとるにつれて食事が不規則になり、栄養状態が悪くなっているように見える」など具体的に相談すれば、向こうも高齢者向けのイベントや配食サービスなどの選択肢を提示しやすくなります。

具体的に伝えてもなお、対応がよくない場合には、担当者の名前をしっかり控えておきましょう。そして、次回は別の人に対応をお願いします。こうした自衛策をとるためにも、早いうちから地域包括とかかわっておいて損はありません。

要介護認定を受ける

親のために介護保険サービスを
利用したいと役所に相談したら
まずは「要介護認定を受けてください」
と言われ、申請しました。
要介護認定を受けるにあたって気をつけておいたほうが
いいことはありますか。

（45歳・男性）

親に何らかの支援や介護が必要になったら、早々に進めたいのが「要介護認定」の申請手続きです。

日本では40歳になると介護保険への加入が義務づけられており、40歳から64歳の被保険者は加入している健康保険と一緒に、介護保険料が徴収されています。さらに65歳以上になると原則として、年金から天引きで徴収されます。皆で保険料を負担し、介護が必要になった人に対して給付するという仕組みです。

ただし、ここで気を付けなくてはいけないのは介護保険を利用するには、さまざまな手続きが必要不可欠だという点です。65歳の誕生月になると、介護保険の被保険者証が各市区町村より交付されます。しかし、いくら被保険者証を持っていても、要介護認定を受けていなければ、介護保険サービスは利用できません。しかも、要介護認定の申請から結果が出るまでは約1か月かかります。最近では、要介護認定を希望する人が増えた結果、認定調査に時間がかかり、1か月以上待たされることも珍しくなくなりつつあります。「もう少し様子を見てから」と先送りしていると、その間にもどんどん親の状態が悪くなっていくことも十分考えられます。

要介護認定の申請は、介護を受けたい人が住む市区町村の役場で行います。親本人が手続きするのは難しく、子どもたちも離れて暮らしている場合には、地域包括に「代行申請」を依頼することもできます。

申請の書類には、主治医を記載する必要があります。これは申請後に行われる「調査」のステップで、主治医が心身の状態を評価し、記載する「主治医意見書」が必要となるためです。かかりつけ医がいれば、その先生にお願いするのも一案です。ただし、このとき、しっかり見極めたいのは「介護が必要な状況を把握し、しっかり意見を述べてくれるかどうか」という点です。例えば、認知症の場合はもの忘れ外来などを受診し、専門医に主治医意見書を書いてもらうほうが、より的確な情報提供を期待できます。一方、入院中であれば、最新の状態を把握している入院先の医師が適任といった具合です。

いずれにしても要介護認定の申請にあたっては、書類に主治医を記入する必要があります。

主治医が決まっていない、決めかねている場合には住所地を管轄する地域包括に相談し、近隣の医師やクリニックの情報を入手するといいでしょう。

要介護認定を申請すると、認定調査員による訪問調査が行われ、その結果と主治医の意見書をもとに審査され、介護度が通知されます。介護度は心身の状態が悪く、介護サービスが必要な「要介護1〜5」、要介護状態の恐れがあり、日常生活に支援が必要である「要支援1・2」の計7段階。いずれも該当しない場合は「非該当（自立）」となります。この介護度の区分によって介護保険の支給限度基準額が決まります。

実際の状態よりも軽度だと認定されると、利用したい介護サービスが使えなくなる可能性もあります。また、支給限度基準額をオーバーした分は全額自己負担となるため、経済的負担が重くのしかかることも。実情に即した判定を受けるためにも、事情が許す限り、認定調査には立ち会うことが大事です。

認定調査では、日常の様子や困りごとをできるだけ具体的に伝えます。ただ、「まだ介護は必要ない」「なんでも自分でできる」と言い張る老親をなだめながら、実情を調査員に伝えるのは想像以上に難しいものです。

申請時に「本人はプライドが高く、できないことを認めたがらないので家族からも状況を伝えたい」とお願いしておくと安心です。そして、当日に向けて「日々の困りごとをまとめたメモ」を用意しましょう。

●ガスの火を消し忘れ、鍋を焦がす。
●近所への外出で迷子になり、帰れなくなることがある。
●娘を泥棒呼ばわりすることがある。
●普段は穏やかだが、ふとした瞬間に声を荒らげることが増えている。

こうした情報をA4用紙1枚程度にまとめておきます。

困りごとがたくさんあって、とてもA4用紙1枚では収まりきらないということもあるかもしれません。そんなときは「命の危険に直結するか」で優先順位を決めましょう。また、時期や頻度も重要です。離れて暮らしていると、なかなか親の生活の実態がつかみづらいものですが、普段の会話の中からヒントを探り、困ったことが起きたらメモを残すなどしておくと、認定調査のときに役立ちます。

困りごとの伝え方にもコツがあります。もっとも避けたいのが「とにかく困っているんです。なんとかしてください！」と訴えることです。

認定調査は国が定めた基準に基づき、介護にかかる時間を評価するための仕組みです。「困っていることがありますか」と聞かれると、つい日頃の不安や不満を残らず伝えたくなるかもしれません。でもそこはグッとこらえて、査定の参考になる情報を簡潔に、過不足なく伝えることを優先するほうが、結果として介護の負担を軽減する助けになります。

また、親の目の前で「できないこと」をあげつらうのは得策ではありません。人前で恥をかかされたという怒りや恨みは、その後の介護に支障をきたすことにもつながりかねないためです。「親に聞こえないよう、そっと話す」あるいは、メモを渡すといったひと工夫は親のためだけはなく、私たち自身の介護ストレスを減らす上でも重要です。

介護保険の利用を親が拒む

介護保険サービスの利用を考えています。ところが、親は「そんなものは必要ない」と言うばかり。説得しようとすると怒り出します。いったいどうすればいいのでしょうか……。

（52歳・男性）

「介護なんて必要ない」
「介護保険のお世話になるなんてみっともない」

日常生活を送る上で何らかの支援や介護が必要になっても、頑として認めない人もいます。ただ、以前とは同じようにいかず、思うようにならないことも増えていることに、誰よりも不安を感じているのはご本人です。だからこそ、「認めたくない」が先に立つのです。

夫の両親も「介護保険はまだ必要ありません」と言い続けていた時期がありました。医師から認知症だと診断される半年ほど前のことです。義父が「ドロボウに入られた」と警察に届けた際、やりとりの過程で何か感じることがあったのか、警察から地域包括に連絡がいき、義父母は「見守り対象」になりました。

地域包括の看護師さんや保健師さんといった専門職の方々が定期的に訪問してくれていたことを、当時はまったく知りませんでした。

というのも、専門職の方々が訪問した際に、義父母に介護保険の利用を勧めても、断固として拒否。さらに「子どもたちは皆、仕事をしていて忙しい。心配をかけたくないので絶対連絡しないでほしい」と口止めしていたと言うのです。
「私たちはまだ困っておりませんので、もっと困っているお年寄りを助けてあげてください」
当時、義母はこんな風に言っていたそうです。しかし、その一方で「ドロボウが出て、薬を盗まれてしまった」と、かかりつけの内科医に繰り返し受診したり、英会話サークルの帰りに道に迷ったり……と、さまざまな困りごとを抱えていました。離れて暮らす私たち家族は、その気配すら察知できていませんでした。

要介護認定の申請に踏み切ったのは、義母は認知症の診断が下り、義父は「認知症の疑い」で受診日を待っているタイミングでした。義父の診断結果がどうあれ、介護保険サービスの利用は必要になることは間違いないだろうと考えたのです。

ただ、問題は義父母への伝え方でした。真っ正面から伝えると、これまでと同じように「必要ありません」と拒否される恐れがありました。

そこで地域包括の介護相談でお世話になった看護師さんとも相談し、「要介護申請の詳細は伏せ、あくまでも役所に提出する書類だと説明する」という作戦を立てました。ところが、書類記入のための訪問を相談するため、夫の実家に電話をかけると「その日は出かける用事があるので来てもらっても困ります」と断られてしまいます。いきなり計画が頓挫で大ショック！

そして、作戦変更。再度、地域包括に相談し、ひとまず申請手続きだけ済ませることにしました。そして、義父母に対しては申請後、「今度、役所の人がいらっしゃるそうなのでよろしくお願いします」と伝えました。

「介護申請をしてもいいですか」と尋ねてしまうと、「しないでほしい」という答えが返ってくる可能性があると考えました。かといって、「介護申請をしました」と伝えるのは「勝手に申請するなんてありえない」と機嫌を損ねるリスクがあり、あまり得策ではなさそうです。

義父母が介護保険を利用したがらないのは「これまでも自分たちでやってきた」というプライドと自立心に由来し、「役所嫌い」ではないように見えました。そこで、苦肉の策として用いたのが「役所の人が来ます」という方便でした。
この説明はその後も多少アレンジを加えながら、繰り返し使っています。

介護サービスを導入し、日々の生活の様子が見えてくると、実は義母にはもっと支援が必要だったことがわかり、早々に要介護度を再度認定してもらう「区分変更」を申請することになりました。

最初の認定調査は夫婦一緒でしたが、このときの区分変更で認定調査の対象になるのは義母だけです。「どうして私だけなの？」と義母はいぶかしがり、納得がいかない顔をしていました。しかし、「役所では80歳以上になる人のところを順繰りに回って、生活の様子を確認している」と説明すると、すんなり納得。まんざらでもない様子で、「わざわざ心配してくださってありがとう」と自宅を訪れた調査員を歓待していました。

親が「介護保険を使いたくない」と訴える背景には、さまざまな事情や思惑があります。地域包括で聞いた話では「生活保護」と混同していることや、周囲の目を気にしているケースも多く見られるそうです。親の言い分に耳を傾け、こだわりポイントを理解することは、認定調査にこぎつけるための口実を考える上でも大切です。

親がいやがっているのに無理強いすると、どこかで必ず反動が来ます。かといって、早々に介護保険の利用をあきらめ、家族だけでなんとかしようとするのは早計です。要介護認定を受ければ、担当ケアマネジャーがつき、介護について相談できるようになります。訪問看護や訪問介護（ホームヘルプ）、デイサービスなど、必要に応じて助けを得られる環境が整うのです。こうした公的なサービスを一切受けずに家族だけで抱え込むと、共倒れのリスクが跳ね上がります。

かたくなに拒否されたら、主治医に勧めてもらうのも一案です。ご高齢の方は「役所」や「先生」の意見であれば、比較的すんなり受け入れる方が多いのです。「介護保険を利用したくない」という主張の背景にある親の思いに寄り添うのは「フリ」でも構いません。あくまでも味方として接し、親のかたくなな気持ちをほぐす。外部の専門家に任せられることは任せ、家族にしかできないことに注力するのも無理なく介護を続ける上で必要なことなのです。

介護の役割分担を決める

兄と妹がいますが、私も含め、全員が親とは離れて暮らしています。親の介護についてこれまできちんと話し合ったことはありません。どうすればスムーズに役割分担を決められるのでしょうか。

（48歳・女性）

介護を行うにあたっては、医療や介護の専門職との連携が必要不可欠です。要介護者の意向を聞き、家族間の意見を調整し、専門職との交渉を進める人は「キーパーソン」と呼ばれます。

地域包括に介護の相談に行くと、「キーパーソンはどなたになりますか?」と質問されます。決まっていない場合は、「早めに決めてください」とアドバイスされます。また、親が入院したときも病院側からキーパーソンを確認されます。

というのも、家族の意見が統一されておらず、それぞれが好き勝手に問い合わせたり、要望を伝えたりすると、医療や介護の現場は混乱を極めます。そのため、キーパーソンを決め、窓口を一本化してほしいと言われるのです。

キーパーソン以外に「主たる介護者」を確認されることもあります。こちらは介護の中心的な役割を担う人を指します。要介護者の近くで身体的・精神的なケアを行うことから要介護者と同居している家族、あるいは距離的・心理的に近い人がなることが多いようです。

キーパーソンと主たる介護者は必ずしも同じ人が担当するとは限りません。キーパーソンは遠くに住む兄が担当し、主たる介護者は近くに住む妹が引き受けるなど、役割分担は要介護者とその家族が置かれた状況や、これまでの人間関係によっても異なります。

うちの場合は、介護に直面したとき、義父母は夫婦ふたり暮らしで、お互いにそれぞれの主たる介護者であるという状況でした。そして、介護の相談をするため、義姉と一緒に地域包括を訪れた帰り道、「手続きとか引き受けましょうか」と提案したことで、私がキーパーソンを務めることになりました。

もっとも最初からキーパーソンになろうと考えていたわけではありません。これまで義父母とは年に1回会う程度の疎遠な間柄でしたし、いざとなれば親と仲のいい義姉が仕切ってくれるのだろうと想像していました。ところが、実際に介護が必要な場面に直面すると、義姉はあわてふためき、「とにかくヘルパーを入れるべき」の一点張り。夫は「慎重に考えよう」となかなかアクションを起こそうとしませんでした。

一方、私は、自分の母親が認知症の祖母を遠距離介護していたこともあって、認知症も介護も比較的身近なものととらえていました。さらにちょうどその時期、大学院に社会人入学し、高齢期や高齢社会の問題を学際的に研究し、問題解決をはかる「老年学」を学び始めたばかりでもあったのです。

今思えば、キーパーソンが決まらないと、介護体制を整えるステップに入れない。そんな焦りにも背中を押されたのかもしれません。好奇心も手伝い、半ば思いつきでキーパーソンに立候補してしまったのです。

「自分の親でもないのに、介護のキーパーソンを引き受けるなんてえらいですね」
「よくキーパーソンを引き受けようと思いましたね」
繰り返し褒められたり、呆れられたりしながらもうすぐ介護4年目を迎えようとしています。

キーパーソンとして家族間の意見を調整し、専門職の方々とやりとりするのはたしかに、大変です。とくに慣れないうちは現状を把握し、必要な手続きをするだけで疲労困憊。何かにつけて「ご家族はどうお考えですか」など意見や判断を求められるプレッシャーに逃げ出したくなったこともあります。

ただ、専門職の方々との窓口になる利点もあります。あらゆる情報が入ってくるので、介護の全体像を見渡しやすくなるし、やりとりを通じて知見もどんどん増えていきます。相変わらず、日々のトラブルは起きるし、義父母の状態は日によってもずいぶん変わります。それでもキーパーソンとして鍛えられたおかげで、ちょっとやそっとのことでは揺らがなくなるし、先手を打てるようにもなりました。

キーパーソンを引き受けたら、ほかのきょうだいが何でもかんでも「お任せ」という態度になっているのがつらいという話も聞きます。一方で、ほかのきょうだいがキーパーソンをしているので、「それはマズい選択では……」と思っても口出しできず、見守ることしかできないのがもどかしいと悩むケースもあります。

キーパーソンになってもならなくても何かしらの負荷は生じるものと思っていたほうがいざというとき、あわてずに済むかもしれません。

しいて言えば、利害関係が対立する中、さまざまな人の意見をまとめて交渉するのが得意な人はキーパーソンに向いています。これまで飲み会の幹事役など仕切り役を引き受けることが多かった人は、キーパーソンを誰かに任せるより、いっそのこと自分が引き受けたほうがストレスが少ない可能性が高いでしょう。

「長男（長女）だからキーパーソンになる」といったように、きょうだい構成や年齢、実家との距離だけを参考にするのではなく、人柄も考慮して決められるとベストです。そして、その上で全員がひとつのチームとして介護していく体制を考える。そうすれば、親はもちろん、かかわる人みんなの負担を軽減することにもつながるのです。

施設入所を検討する

ひとり暮らしをしている父親のもの忘れが気になっています。できるだけ早くもの忘れ外来に連れていくつもりです。もし、認知症だとわかったら、早めに施設を検討したほうがいいでしょうか。

（55歳・男性）

「親が認知症になったら、やっぱり施設に入ってもらわないと厳しいでしょうか」
「親がひとり暮らしなので、いずれは施設を考えてるんですが、どう思いますか」
夫の両親の認知症介護のキーパーソンをしていることをオープンにしてから、そんな質問をされる機会が増えました。

認知症介護が始まったときは、自宅での夫婦ふたり暮らしを続けていた義父母ですが、義父の入院や介護老人保健施設への一時入所を経て、現在は有料老人ホームで暮らしています。

施設入所に踏み切ったのは介護が始まってから3年目のことです。きっかけは義父の低栄養でした。当時、義父は「調子が悪い」と昼間からベッドで寝ていることが増え、血液検査の結果でも、栄養状態が想像以上に悪くなっていることがわかりました。さらに、自宅のトイレに行った帰りに足腰に力が入らなくなり、ヘルパーさんが来るまで床に倒れこむように横になっていたといったことも起きていたのです。

このまま、自宅での生活を続けると、肺炎が再発する懸念もありました。ただ、義父母が強く希望するのであれば、リスクは覚悟の上で自宅での暮らしを続けることも視野に入れていました。というのも、施設入所の話が浮上する半年前、熱中症を防ぐために夏場だけ介護老人保健施設で過ごすはずが、入所の直前になって「施設には行きません！」と義父が断固拒否。急遽キャンセルするという騒動があったのです。

施設入所を検討するにあたっては日頃担当してくださっているケアマネさん、ヘルパーさん、訪問看護師さん、往診でお世話になっている先生など、介護・医療チームが一堂に会してのケアカンファレンスを開いてもらいました。私たち夫婦はもちろん、義父母にも参加してもらい、現況を共有した上で、今後どのようにするのがいいか、話し合いました。

家族としてはできれば、施設入所に向けて話を進めたい。ただし、親に対して無理強いはしたくない旨はケアマネさんを通じて、共有してありました。

「今のまま、ご自宅で暮らすのは難しいというのが正直なところです。いったん療養し、健康を取り戻すことを第一に考えてみるのはどうでしょうか」

往診の先生がそう切り出したとき、義父の顔色が変わりました。

「入院はしたくありません！」

日頃、穏やかな義父にしては珍しく、強い口調でした。食事が口に合わず、つらかったという訴えもありました。義父からこう言い出してくれたのは、家族としては願ってもいないことでした。というのも、施設入所に対する抵抗感をやわらげるために「終のすみか」ではなく、「一時的な療養」として提案しようと考えていたためです。

「今の状態で自宅の生活を続けると、いずれ入院が必要になる可能性が高いそうです。そうならないためにも、食事がおいしい施設を探したいと思うんですが、いいですか？」

義父に尋ねると「任せます」と即答してくれました。

義母はもともと、施設に対する拒否感が義父以上に強く、日帰りで通っていた通所リハビリ（デイケア）も隙あらば休もうとしていました。しかし、このときは義父の明確な意思表示があったせいか、「この方（義父）が行くなら、私もおともします」と、ポジティブな回答でした。

親の意向を汲み、了承を得ながら進めた甲斐があって、その後も目立った拒否はなく、入所にこぎつけることができました。

もっとも折に触れて「自宅に帰りたい」と言われ、ときには「今すぐ20万円を持ってきてほしい。帰るためにまず、風呂をリフォームするから！」と電話がかかってくることもありました。ご本人たちの了承をとった上で進めても、この調子でしたから、納得していない状態で強引に施設入所を決めていたら、どれだけ大変な騒ぎになったことかと、空恐ろしいような気持ちになります。

また、年をとるにつれ、施設に望む条件が変わってくる可能性もあります。

70代で一念発起し、「終のすみか」に移り住んだあるご夫婦は、施設での退屈な暮らしに「早まった」と後悔していました。自然が豊かな環境で、さまざまなアクティビティも用意されています。しかし、自分たちで好きなように出かけるには交通の便が悪かったのです。

そうかと思えば、入所の時点で想像していなかった病気やケガの後遺症などが理由で、ほかの施設に移らざるを得なくなった人もいます。

ひとくちに「施設」といっても、自宅から通って日中を施設で過ごす通所介護（デイサービス）や通所リハビリ（デイケア）のような介護サービスもあれば、一定期間入所するショートステイなど、さまざまなかかわり方があります。また、施設に入所する場合の選択肢も、介護付き有料老人ホームからグループホーム、介護老人保健施設、特別養護老人ホームなど施設の種類は多岐にわたります。

かけられる予算や親の性格、健康状態などによっても、ベストな選択肢は変わってきます。しかも、高いお金をかければ満足がいくかというと、そうとも言い切れないのが実情です。介護サービスを利用しながら、親の個性や好みを把握し、プロの意見も参考にしながら、着地点を探っていく。そのひと手間を惜しまないことが、納得感や満足度を高めることへの第一歩です。

介護家族のストレス

母が認知症と診断されてから
土日のどちらかは実家に通っています。
ヘルパーさんもお願いしていますが、
母はすぐ私に頼り、自分の時間がとれません。
疲労とストレスで、つい声を荒らげてしまっては
後悔しています。

（47歳・女性）

「一緒に暮らすより、別々に暮らしながら介護するほうがまだラクでしょう?」
「義理の関係だと、実の親子と違って割り切れるからいいわよね」

うちは別居介護で、長男の嫁である私が介護のキーパーソンをしていることもあって、時折こんなコメントをいただくことがあります。
実際のところ、離れて暮らしているほうが気持ちの切り替えをしやすいと実感します。「かつての親」の記憶も思い入れも乏しい分、義父母がすっとんきょうな行動をしても「そういうこともあるか」と受け止めやすいようにも思います。

ただ、それでもやっぱり、無性に気が重い日もあります。

例えば、義母からいつ買ったのかわからない、開封済みのお菓子を繰り返し勧められた日。義父から頼まれて、庭の手入れをしてくれる業者を探したのに、「頼んだ覚えはない」と言われた日。カギをなくさないように、ひもでバッグに結びつけてみたけれど、早々に外され、カギは行方不明。さらに「ドロボウが持っていった」と延々聞かされ、なだめても一向に落ち着いてくれなかった日……。

ひとつひとつは些細なやりとりで、目くじらを立てるようなことではありません。ところが、小さな無理を重ねると次第にストレスが澱のようにたまって、明確な理由もないのに、とにかく親の顔を見たくない。イライラが募って、きついひと言をぶつけてしまうかもしれないと不安になる瞬間がやってきます。

そんなとき、どうするか。

親と一緒にいるタイミングで「そのとき」が来てしまったら、大急ぎで口をつぐみます。親が言っていることがどんなに理不尽で、いやな言い方をされたとしても、カッとなって言い返していいことはあまりありません。もちろん、無理に同意する必要はありません。肯定も否定もせず、「気持ちはわかりました」とだけ答えて結論は出さずに持ち帰る。その場でもめごとになりさえしなければＯＫ。着地点を探るのは、こちらの気持ちが落ち着いて冷静になってからにします。

離れて暮らしていて「通い」で介護にかかわっているのであれば、通う頻度を調整することも大切です。

例えば、「週1回、顔を出す」と決めている場合は月4回のうち、1回は休む。あるいは思い切って、月2回に減らしてみましょう。仕事の都合でも、家庭の事情でも口実は何でも構いません。

もし、頻度を減らすことで親に文句を言われたり、泣きつかれたりしても「そんなに言うなら仕方がないか」と流されるのは禁物です。介護が必要になったとき、親が子どもに対してどの程度のかかわりを期待するのかは、これまでの関係性にも大きく影響されます。ただ、いずれにしても、「ゴリ押しすれば、最終的には自分の言いなりになる相手」として認識されるのは得策ではありません。

親孝行で優しく、まじめな人ほど限界まで我慢を重ね、感情を爆発させる傾向が見られます。言いたいことを言い合ってスッキリすればまだいいのですが、「そんなに不満があるなら早く言えばいい」と親に突き放されてモヤモヤしたり、親を傷つけたという罪悪感に苦しめられたり……と、一筋縄ではいきません。

親の命が脅かされるような場面は別として、「行かないと親が不機嫌になる」「愚痴がひどくなる」といったことであれば、ぜひ積極的に「ひと休み」を導入していきましょう。

これは同居であっても同様です。むしろ、同居介護の場合は、別居介護以上に意識的に距離をとる必要があるでしょう。丸一日離れるのが難しければ、せめて数時間でも親から離れ、邪魔されない時間を確保する。近所の銭湯でも、図書館でも逃げ出せる場所をいくつかキープしておくことをおすすめします。

確保した自分の時間は全力で楽しみます。おいしいものを食べ、体を温め、のびのびと過ごしましょう。親はもちろん、ほかの家族に対しても「私ばかり楽しんで申し訳ないな」と後ろめたさを感じるぐらいのほうが、次に会ったときに存分に優しくできるものです。

どうにもイライラが収まらず、親にもつらく当たってしまう。そんなとき、必要なのは心身を休め、気持ちのゆとりを取り戻すことです。余裕がない中で、不満やストレスを理性で押さえ込もうとしても、穏やかに優しく接するのは難しいものです。うまく対応できない自己嫌悪で自分をさらに追い詰めることにもなりかねません。

「そんなことを言っても目を離せる状態ではない」
「自分が世話をしなければ、親が大変なことになってしまう」
現在、そんな風に感じているとしたら、なおさら休息が必要なサインです。

仮にほかの家族がまったくアテにならなかったとしても、ケアマネジャーやヘルパー、訪問看護師など、さまざまな専門家の力を借りることで、ひとりで抱え込まずに済む介護体制に近づけていくことができます。親が「他人の世話になりたくない！」と強く訴えているとしたら、その訴えにどう対処するかも専門家の力を借り、検討していきましょう。

知ってておきたい介護ハック❸

高齢者向けの宅配弁当

高齢になると、毎日の料理が億劫になるだけではなく、持病との兼ね合いでカロリー制限や塩分制限が必要になることもあります。こうしたとき、役に立つのが「高齢者向けの宅配弁当」です。「欲しいときだけ注文」「週1回からの定期注文」など利用スタイルはさまざま。安否確認も兼ねて原則手渡しとし、連絡がつかない場合は家族に連絡をくれる業者もあります。1食あたりの費用も400円前後から1000円近くまでバラエティに富んでいます。

ちなみにうちの義父母の場合は週4回からスタートし、少しずつ回数を増やしていきました。認知症があり、冷凍されているものを自分たちで温めて食べるのは難しかったため、常温で毎日届けてくれるところを選びました。このあたりは各ご家庭で優先順位は変わるはず。親には、栄養バランスのとれた食生活の大切さを伝えつつも強要はせず、「肉が好き」「野菜をたくさんとりたい」などご本人の好みを最大限に尊重しながらプッシュするのがコツです。

第4章

親の認知症

認知症の予兆

昔はとても几帳面だった母ですが、
75歳を過ぎた頃から
片付けを面倒くさがるようになりました。
お盆やお正月に帰省するたび、
実家がひどく散らかっています。
以前はこんなことなかったのに……。
父に伝えても「気にしすぎ」と相手にしてくれません。
（48歳・女性）

親の言動に「あれ？」と思うことが増えてきたけれど、親本人に聞くと「大丈夫」という答えが返ってくる。でも、やっぱり認知症なのでは……。親が年を重ねると、そんな風に戸惑い、悩む機会も増えてきます。

多くの場合、家族はうっすらと変化に気付いています。また親本人も「どうもおかしい……」と感じていることがほとんどです。ところが、お互いに「そうではない」と信じたいし、迷惑をかけたり、かけられたりしたくない。その結果、見て見ぬフリをする期間が少なからず生じてしまいます。

そうこうしているうちに認知症は少しずつ進行し、ある日突然、「迷子になって警察に保護された」「財布を盗まれたと大騒ぎしている」などの〝事件〟が起きたことによって事態が明るみに出るのです。

振り返ってみると、「あれが予兆だったのかも」と心当たりがあるケースも少なくありません。例えば、東京都福祉保健局の「自分でできる認知症の気づきチェックリスト」には次のような項目が挙げられています。

①財布や鍵など、物を置いた場所がわからなくなることがありますか
②5分前に聞いた話を思い出せないことがありますか
③周りの人から「いつも同じ事を聞く」などのもの忘れがあると言われますか
④今日が何月何日かわからないときがありますか
⑤言おうとしている言葉が、すぐに出てこないことがありますか
⑥貯金の出し入れや、家賃や公共料金の支払いは一人でできますか
⑦一人で買い物に行けますか
⑧バスや電車、自家用車などを使って一人で外出できますか
⑨自分で掃除機やほうきを使って掃除ができますか
⑩電話番号を調べて、電話をかけることができますか

部屋がどんどん散らかっていくのも黄色信号だと言われます。とくに玄関など、人目につく場所が荒れ始めたら要注意。家族の人数よりも明らかに多い靴やスリッパ、傘、季節はずれのコートや帽子、置きっぱなしの段ボールや新聞紙などは、何らかの支援が必要なサインとして頭の片隅に置いておいたほうが良さそうです。約束せずにふらっと実家に寄ったとき

はさておき、あらかじめ約束してあった帰省の日に、部屋が派手に散らかっているような場合、何かしら手助けが必要になりつつあるサインだとも考えられます。

ただ、悩ましいのは親が掃除嫌い、片付け下手なタイプという場合です。親が几帳面な性格であれば、「実家の冷蔵庫を開けたら、賞味期限切れの食材がぎっしり」という状態を見かけたときに、変化を感じ取れる可能性が高いです。ところが、もともとズボラな性格だと「うちは以前から、こんなもの」と見過ごしてしまいがちになります。

「散らかってはいるけれど、生ごみが放置されているわけではない」
「自分たちが不便でないのなら、それはそれでいいのかも」
「年をとると片付けるのが面倒になるとも聞く」
など、さまざまな理由をつけて、納得してしまうものです。

現に、義父母の認知症が発覚する数年前から、夫の実家では少しずつ部屋の状態は荒れ始めていましたが、家族は誰も気に留めていませんでした。私自身も「うちの実家も散らかっているし、こういうものかもしれない」と、疑問を抱いていなかったのです。

思い起こすと、たしかに義父母の会話にちぐはぐなところもあったように思います。しかし、打てば響くようにポンポンしゃべり、こちらの質問にもパッと答える瞬間のほうが印象に残っています。その様子は「同じ話を繰り返す」「昔のことはよく覚えているけれど、最近のことは忘れてしまう」といった典型的な認知症のイメージとはかけ離れたものだったのです。

認知症の症状は多岐にわたり、専門家でないとそうそう判断がつきません。その専門家にスムーズにつなげるためには「これまでできていたのに、できなくなってきたこと」に気付くのが最初の一歩です。

といっても、神経質に目を光らせるのはあまり得策ではありません。予兆らしきものが見つかったとたん、「認知症なんじゃないの!?」と詰め寄ったり、記憶力のテストを試みたりするのはむしろ、逆効果と言えるでしょう。いくら心配からくる行動でも、親の立場からすると責められているようで、気分のいいものではありません。困りごとを打ち明けるどころか、子どもたちには絶対に隠しておく！　と決意も新たに……となってしまっても不思議はありません。

あれ？　と思ったら、まずは日々の暮らしを観察し、親が語ることに耳を傾けてみましょう。日常生活の中で何に困り、不満を持っているか。いつもなら1分たりとも聞き続けたくない愚痴の中に、親の困りごとや本音が隠れている可能性があります。

やみくもに受診を促したり、「しっかりして」と励ましたりしても事態はなかなか好転しません。

親の現状を的確に把握するには「親が困りごとを伝えやすい空気」をつくることが欠かせません。そのためにも、まずは親の言い分に寄り添い、味方であり、サポーターでもあるという関係性をキープすること。ストレスにならない範囲で、親のとりとめもない会話や愚痴にも耳を傾ける時間をつくるよう日頃から努めていると、自然と生活の変化が浮き彫りになってきやすくなります。

もの忘れ外来の受診

今年76歳の父は、
もの忘れがひどくなっています。
電話で実家に行く日を伝えても、
「いつ来るんだ？」と繰り返し聞かれます。
念のため病院に連れていきたいのですが、
本人は「大丈夫だから」と言い、承諾してくれません。
無理にでも連れていくべきでしょうか……。

（52歳・女性）

認知症治療の基本は早期発見・早期治療だと言われます。認知症はあくまでも「症状」を指し、その原因はさまざまです。

認知症患者の約4割を占める「アルツハイマー型認知症」は脳が少しずつ萎縮し、記憶障害が進行するのが特徴です。ほかにも、「(いないはずの)子どもが見える」などの幻視やパーキンソン病に似た症状が出る「レビー小体型認知症」、脳梗塞や脳出血がきっかけとなって発症する「脳血管性認知症」、記憶障害が目立たない一方で人格が変わったかのような言動が見られることが多い「前頭側頭型認知症(ピック病)」などがあります。

認知症の原因となる病気の中には、慢性硬膜下血腫、甲状腺機能低下症、正常圧水頭症など、手術や薬物療法によって治せる可能性があるものが含まれます。早めに病院で診察してもらえば、こうした「治療次第で治る認知症」に対して、早々にアプローチできる利点があります。

また、根本的治療は難しいタイプの認知症であったとしても生活環境を整え、適切な服薬治療を組み合わせることが認知症の進行を遅らせることにつながります。症状が進んでしまう前に、専門家の力を借りながら、認知症をただしく理解し、対応をスタートできるのもメリットです。

しかし、家族が早期受診を望んだとしても、本人が「病院に行きたくない」と拒むケースは少なくありません。

「何ともないのに病人扱いしないでほしい」

「年をとれば多少もの忘れぐらいして当たり前」

などと反発され、どうすればいいかわからなくなってしまったという声も聞きます。また、家族同士の意見が一致せず、きょうだい同士でも「早く病院に連れて行ったほうがいい」と「大げさに騒ぎすぎ」のように意見が真っ二つに分かれてしまうことも。

本人が乗り気ではない場合、まずは「どうして病院に行きたくないのか」と聞いてみることから始めてみましょう。このとき、「どうせこわいから行きたくないんでしょう」「現実から目を背けてるだけ」など、頭ごなしに決めつけるのは禁物です。

「もの忘れ外来」「認知症外来」といったキーワードを聞くだけで怖い。初めての経験で、「何をされるかわからない」と不安になるのは自然なことです。もしかしたら、「ダメ人間の烙印を押されるのではないかと思って不安」「バカにされるのではないか……」といった不安がかきたてられている可能性もあります。

焦って受診を無理強いすると反発する気持ちも強くなります。まずは「脳の検査をすると思うけれど、短時間で終わるし、こわくないよ」「かかりつけの先生に、親切で感じのいいクリニックを紹介してもらおう」など、不安をやわらげることを最優先に考えましょう。

それでも、本人の気持ちに変化がない場合には、第三者から話をしてもらうのも手かもしれません。

我が家の場合は、義父が「留守宅にドロボウに入られて警察を呼んだのに、認知症を疑われた」と憤慨していたときに、「もの忘れ外来を受診してみませんか？」と提案したのが最初の受診のきっかけになりました。「しっかり受診して認知症ではないことがわかっていれば、警察も失礼なふるまいはできないはず」という理屈でプッシュしました。その結果、比較的すんなり受け入れてもらえたのですが、あとで聞いたところでは、長年通っていたかかりつけ医からも「夫婦で一度、受診してみては？」と勧められていたそうです。

認知症を扱う病院・クリニックとしては「もの忘れ外来」「認知症外来」などの専門外来のほか、精神科や神経内科、脳外科などの診療科も該当しますし、高齢者医療の経験が豊富な内科医などが対応するケースもあります。

本人が一緒に行かなくても、家族だけでの受診に対応してくれる病院・クリニックを選べば、認知症の症状をふまえた上で「病院に行きたくない」という訴えにどう対応すればいいか、相談に乗ってもらえます。親身になってくれそうなドクターかどうか見極めた上で親を連れていける安心感もあるでしょう。

受診を無理強いすると、気持ちを深く傷つける恐れがあります。診断はついても、その後の治療を拒否したり、介護サービスを受け入れないといった支障をきたすことも。まずは自尊心を損なわずに受診につなげる方法を探るのが最初の一歩です。

ある女性はパソコンで「65歳以上の方向けの健康診断のお知らせ」(もの忘れ診断を含む)を作り、親に見せることで最初のきっかけをつかんだそうです。親と同世代のおじおばに「一緒に受診しよう」と誘ってもらったという人や、訪問診療をやっている医師に「自治体が実施する健康診断」という名目で訪ねてもらったというケースも。

もの忘れがひどいなどの症状があっても、病院に行きたがらないというのは決して珍しいことではありません。本人の気持ちとしては当然のことです。地域包括にはこうした悩みが多く寄せられています。また、地元で認知症治療に対応できる病院・クリニックの情報や評判などの情報が集まっています。

家族だけで解決しようとすると、介護する側、される側双方にとってストレスがかかりやすくなります。医師や看護師、地域包括といった専門家の経験と知見をうまく取り入れながら、受診の道筋を探っていきましょう。

もの盗られ妄想

以前は穏やかだった母（82歳）は
認知症になってから怒りっぽくなりました。
財布の置き場所を忘れては
「盗まれた！」と電話をかけてきます。
「探せば出てくるよ」と伝えても、
聞く耳を持ってくれないのでほとほと疲れ果てています。
（60歳・男性）

認知症の症状のひとつに「もの盗られ妄想」があります。「ものがなくなった」「盗られた」と嘆くのは序の口。一生懸命介護してきたのに、「あんたが盗ったんじゃないの?」と疑いの目を向けられてガックリ来たという話は介護のプロ・介護家族に共通する〝介護あるある〟のひとつです。

我が家の場合、義母が「2階にドロボウが住んでいる」と言い出したことが、義父母の認知症発覚のきっかけになっています。もの忘れ外来では「否定も肯定もしないでください」とアドバイスされました。

否定すると、「わかってくれない」「バカにされた」などの不満が募り、不信感につながります。かといって、肯定すると「盗まれた」という思いが、より強固な記憶として定着する恐れがあるというのです。

理屈としては納得したものの、いざやってみようと思うと、この「否定も肯定もしない」はなかなか難しいものでした。

「昨日の夜、2階の人がまた勝手に部屋に入ってきて、タンスの中を引っかき回していったのよ」

「近所のお子さんたちが遊びに来て、スプーンやフォークを持って行ってしまったの」

義母との雑談の中でひょいっと登場する「2階の人」や「近所のお子さんたち」は実際には存在しません（でも、義母はその姿が見えているようなそぶりをします。これも「幻視」という認知症の症状のひとつです）。

「あら、そうなの。タンスの中を……」などのように訴えをオウム返しに繰り返すと、義母は「そうなのよ！」と憤慨し、さらなる愚痴を訴えることもあれば、「ひどいのよ……」としょんぼりして話が終わることもありました。

そのうち、義母の「盗まれた」という訴えの中には、生活の中での困りごとを知るヒントが隠されていることに気付きます。

例えば、「財布を盗まれた！」と怒るのは、金銭管理が難しくなっていることのあらわれ。

一方、「下着を盗まれた」と繰り返し言っていた時期は、汚した下着の始末に困り、実際に下着の枚数が足りなくなっていたのです。

そのため、泥棒の話が出てきたら「何が盗まれたの？」と確認するようにしています。ただし、泥棒の存在自体については深追いせず、「早く見つかるといいですね」「返してほしいですね」で話を終えます。

というのも、あまり熱心に話を聞きすぎると「ドロボウの話をすると喜ぶ」と認識され、「もっと、ドロボウの話をしなくちゃ」と、サービス精神を刺激してしまう可能性があるためです（認知症の人は感受性が鋭く、相手に応じて話や態度を変えるということもよく知られています）。

もっとも、こちらが話を終えようとしても、義父母の気持ちが収まらないこともあります。義父は義母の言い分をすっかり信じ込んでいたため、日によっては義母以上に「けしからん！」と怒り、「玄関のカギを取り替えよう」「警察に届け出よう」と言い出すこともありました。

義父母の気持ちを落ち着けるための手っ取り早い方法のひとつが、「なくしものを一緒に探すこと」でした。

ほとんどの場合は、私か夫が探すことになるのですが、それでも「一緒に探しましょう」と提案することで、義父母の表情はやわらぎました。

ただし、ある時期から必死に探しすぎないよう、気を付けるようにもなりました。というのも、真剣に探しすぎると緊迫した空気がただよい、かえって義父母が落ち着かなくなったためです。

また、時間が限られているときに無理に探しものをしようとすると、どうしてもイライラします。ピリピリした空気の中で過ごすのはお互いにとって、精神的によくありません。そこで、時間がないと思ったら、早々にあきらめ、「今度、時間があるときにゆっくり探しましょう」と声をかけるだけに留めました。

義母に続いて、義父の貴重品管理が難しくなってきてからは、カギや財布など持ち歩く可能性のある貴重品に紛失防止タグをつけるようになりました。これがあれば、見失ったとしてもスマートフォンアプリから「検索を開始」すれば、光や音で居場所を知らせてくれます。
ものをなくしても、そこまで困らない。なくしたら困るものがあったとしても、そのときは子どもたちがすみやかに見つけてくれる。そんな生活に慣れるにしたがって、義母のもの盗られ妄想は落ち着いていきました。

認知症が進むと、もの盗られ妄想はなくなっていくともよく言われます。ただ、うちの義父母の例でいうと相変わらず、もの盗られ妄想を思わせる発言はあります。

義父が「チョコレートを盗まれた！」と訴えたかと思うと、義母が「目を離した隙に、風呂敷いっぱいのミカンを盗られた」と主張する……といった具合です。その訴えの陰に隠された不安や不満はなんだろうと想像しつつも悩みすぎず、「チョコレート（ミカン）が食べたかったのかな。差し入れしてみようかな」とトライ＆エラーを続けています。

お金の計算ができない

ひとり暮らしの母（86歳）が認知症だと診断されました。訪問介護（ホームヘルプ）を頼んでいますが、買い物は「他人任せにできない」と言って聞きません。そのうち、支払いを忘れ、万引き沙汰になるのではないかと気が気ではありません……。

（63歳・女性）

数字を理解することが難しくなり、計算力が低下するのも、認知症の症状のひとつです。支払いのとき、値段を言われてもとっさに理解できず、とりあえずお札を出して買い物を済ませることから財布の中が小銭だらけになってしまう……といった光景もよく見られます。財布に大量の小銭がたまっていたことをきっかけに、認知症に気付いたという体験談も耳にします。

ただ、「お金の計算が難しい」という症状があるからといって、一足飛びに買い物自体を禁止するのは得策ではありません。

ご本人からすれば、これまで当たり前のように送ってきた日常生活を突然制約されたら、納得がいきません。不満も募りますし、不信感も抱くでしょう。また、外出の機会が減れば、足腰も弱ります。家に引きこもった暮らしは刺激が乏しく、認知症の進行を早めることにもつながりかねません。

認知症の進行をできるだけゆるやかにするには、難しくなったことは周囲がサポートしつつも、できるだけこれまでどおりの生活を送り、従来の役割を担ってもらうことが望ましいとされます。

しかし、買い物に行くときに家族が必ず同行するのは現実的ではない場面も多々あります。離れて暮らしている場合はもちろん、同居・近居も、そうそう付き合えないということも十分考えられます。

そんなとき、検討したい選択肢のひとつに、よく行く店に事情を話し、協力をお願いするという方法があります。会計を済ませないまま、品物を持ち帰ってしまった場合の対応も相談し、家族の連絡先を伝えておくと、万が一のときも安心です。

我が家の場合、義母は介護が始まった当初から、お金の計算が難しくなっていました。小銭がぎっしり詰まった財布を片手に「さっきまでお札が入っていたのに、目を離した隙にドロボウに両替された!」とよく訴えていました。一方、義父のほうは日によってばらつきはあるものの、計算力が比較的維持できていたため、「買い物に行くときはできるだけ夫婦ご一緒にお願いします」と伝えるところからスタート。並行してよく行く店に連絡し、何かあったときのために、私の携帯番号も伝えました。

また、定期的に購入するペットボトル（お茶・水）、尿とりパッド、リハビリパンツなどは通販で手配。医療費・介護費は可能な限り、口座引き落としにするなど、現金払いが必要な場面を少しずつ減らしていきました。これは、買い物はこれまでどおり楽しみつつも、失敗することを減らすための工夫でした。

しばらくの間はこの体制でうまくいっていたのですが、しばらくすると「買い物がうまくいかなくなること」が増えてきました。

幸いなことに「会計を忘れて大騒ぎ」にはならなかったのですが、「あらかじめ買うものを決めて、そのとおりに買ってくる」のは難しくなってきました。

例えば、使っていたシャンプーがカラになったとします。義父も義母も、「新しくシャンプーを買う必要があること」は理解しています。そして、シャンプーと書いたメモと財布を持ち、近所のスーパーに行くのですが、到着する頃には用事もメモの存在も忘れる。そして、ボディソープやコンディショナーなど似て非なるものを買ってきてしまうといった具合でした。

当時、ケアマネさんと相談する中で、「買い物をヘルパーさんにお願いするのはどうか」という案が繰り返し浮上しました。ただ、義母の認識としては「問題なく買い物ができる」でしたし、納得のいかないまま、役割を取り上げることによる悪影響も気がかりでした。

結局、ヘルパーによる買い物支援を導入したのは、通所リハビリ（デイケア）で通っていた介護老人保健施設から「夫婦ともに転倒の危険があり、付き添いなしでの外出は避けてほしい」と言われたのがきっかけでした。

義母にはずいぶん渋られましたが、「転倒骨折のリスクを減らすため」という理由で、なんとか承諾を得ることができました。

買い物支援を利用するにあたって、準備したのはヘルパーさん用の財布と情報共有ノートです。財布には5000円程度入れておき、買い物のたびにそこから支払ってもらいます。

「何を買うか」はその都度、冷蔵庫の中身を確認しながら、義母とヘルパーさんで相談して決めるというやり方でした。

「今日は何を買いましょうか」

「そうね。そろそろ牛乳が切れる頃だったかしら」

「牛乳は昨日買ってあるから大丈夫ですよ。卵はどうですか？」

「卵があるとうれしいわね」


最初はしぶしぶOKしてくれた義母でしたが、そのうち、ヘルパーさんとのやりとりを楽しむようになり、態度もやわらいでいきました。ときどき、ヘルパーさんが「桃がとっても安くておいしそうだったので買ってきました」などと、気を利かせてくれたのもうれしかったようです。

自治体によっては、認知症の方の買い物同行を支援するサービスが実施されているケースもあります。利用できるサービスを探し、ステップバイステップで、親も家族も双方が納得できる選択肢を探していきましょう。

排泄の失敗

ひとり暮らしをしている義母（80歳）が最近、トイレを失敗することが増えてきたようです。おむつを使ってほしいと伝えていいものかどうか、悩んでいます……。

（52歳・女性）

排泄の失敗に関するケアは、非常にデリケートな問題です。認知症であっても、羞恥心や自尊心はしっかり残っています。ぶしつけに指摘されたら傷つき、心を閉ざすのはごく自然なことです。

「どうして失敗するの！」「もっと気を付けて」と叱咤激励するのも、逆効果。ご本人が覚えていようと必死に努力しようとしても、気を張っていたとしても、ある瞬間パッと忘れてしまうことがあるのが認知症だからです。

排泄の失敗があることに気付いたら、まずは環境を整えることから始めてみましょう。ある男性は、実家のトイレのドアに大きくイラスト入りの貼り紙を掲示しました。さらに、暗くなると光る蓄光性のテープを廊下に貼り、母親が夜中でも迷わずトイレに行けるよう、工夫したそうです。すると、母親が夜中にトイレを失敗する回数はグッと減ったとか。

また、年をとると尿意や便意を感じづらくなることがあるため、適当なところでタイミングよく声をかけることも大切です。

離れて暮らしていると、毎日というわけにはいきませんが、どこかに出かける前後や食事の後など、ひと声かけることはできます。

また、一緒に外出するときは①ビニール手袋、②リハビリパンツ（または替えの下着）、③おしりふき、④フェイスタオル、⑤レジ袋など、万が一失敗があったときの用意があると安心です。普段は尿もれパッドやリハビリパンツが必要なくても、急におなかがゆるくなることも考えられます。そんなとき、あわてずスピーディに対処できれば、不必要に親の自尊心を傷つけずに済みます。

汚れた下着を始末するとき、ビニール手袋を着用できれば、素手よりも抵抗感は減り、衛生面でも安心できます。汚し具合によっては、着替えを買いに走らなければいけないかもしれません。でも、リハビリパンツとおしりふき、フェイスタオルがあれば、ひとまず汚れをふきとり、清潔な下着に履き替えてもらうことはできるはず。最低限、汚れたおしりを丸出しにしたまま、心細い思いをさせずに済むだろうと思うのです。

尿もれパッドやリハビリパンツを使い始めるタイミングは人によってさまざまです。我が家の場合は、認知症介護がスタートした時点で、義父母はともに尿もれパッドを使用していました。しかし、介護サービスが始まった結果、パッドの容量が小さすぎることが判明。また、「パッドの捨て場所がわからなくなる」「汚した下着が部屋のあちこちから見つかる」といったトラブルも次々に起きました。

「夫婦ふたりだけの生活ではわからなかったことが、少しずつ見えてくる段階なので、あわてずひとつずつ対処していきましょう」

そんな風にケアマネさんに励まされ、ヘルパーさんや訪問看護師さんと相談しながら、ひとつひとつ対応していきました。

排泄は生きていく上で必要不可欠な行為で、それだけに家族も悩みます。親が排泄を失敗することは、子どもにとってショッキングな出来事で一刻も早く解決しようと焦る気持ちも生まれやすくなります。

しかし、解決を急ぐあまり、親の自尊心を傷つけ、生きる意欲を削いでしまっては本末転倒です。

汚れた下着を隠すのは、汚した自覚はあってもどう処理していいかわからず、困った末の行動であることが考えられます。「恥ずかしくて家族に知られたくない」「怒られたくない」という気持ちのあらわれかもしれません。そんなとき、家族がパニックになるあまり、「どうしてこんなことするの？」と責め、「おむつをしてもらわないと困る」と大騒ぎすると、余計に言い出せなくなるものです。

例えば、汚れた下着を見つけたら、騒がずにそっと片付けます。着替えの手伝いや掃除が必要な場面に直面しても「誰にでもあることだから」と声をかけ、淡々とこなします。汚れた衣類を入れるかごや箱を用意し、「洗濯ものはこちらへ」などとわかりやすく表示しておくのも、混乱を減らすのに役立ちます。

しばらく様子を見て、やはり下着を汚すことが続くようであれば、尿もれパッドやリハビリパンツの使用を検討します。子どもから伝えるよりも、医師や看護師、ケアマネジャーなどの専門職から話してもらうほうが、プライドが傷つかずに済むかもしれません。
一方、すでに尿もれパッドやリハビリパンツを使用していても、下着を汚すこともあります。サイズが合っているかどうか、使いづらくないかなど、日々の生活をよく観察しながら、調整していく必要があります。

うちの義父母の場合でいうと、リハビリパンツを使い始めたけれど、そのことを忘れて従来どおり、布のパンツを履いてしまうこともあれば、「布のパンツの上に、リハビリパンツを重ねて履いていた」といったこともありました。いずれも、ヘルパーさんが気付いてくれましたが、「尿もれパッド（あるいはリハビリパンツ）さえ使い始めれば大丈夫」と油断してはいけないと教えられた出来事でした。

トイレの失敗が多くなれば、介護の負担も増え、おむつを使わざるを得ない時期もいずれ訪れるかもしれません。その抵抗感や恥ずかしさにも思いをはせながら対策を考えること、親の排泄のパターンを把握し、できる限り不快感や違和感を軽減する工夫をし続けることは、そこでもきっと役に立つはずです。

知っておきたい介護ハック❹

貸金庫

　東日本大震災以降、貴重品の管理方法として人気が高まっている「貸金庫」。銀行や信用金庫などの金融機関で取り扱われています。実は、親に何らかの支援や介護が必要になったときも役に立ちます。例えば、もの忘れが増え、通帳やキャッシュカードを預かる必要性に迫られたとき、単に「預かるから」というよりも、「貸金庫に預けよう」と提案することで、親の納得を得やすくなることも。また、自宅に極力、貴重品を置かないようにすれば、訪問介護（ホームヘルプ）などで他人が出入りする不安感をやわらげることもできます。

　一方、気を付けたいのは親自身が貸金庫を契約しているケース。契約者本人以外は貸金庫を開けることができないことから、親が年をとってくると"塩漬け"のリスクを抱えることに。中身を確認できないまま、年間1～2万円の手数料だけを払い続けるケースも珍しくありません。親が貸金庫を借りているかどうかを確認し、もし貸金庫がある場合は、いざというとき子どもが代わりに開けられるよう「代理人登録」をしておくのも一案です。

第5章 親の終活

エンディングノートの準備

親が自分の老後や最期を
どう考えているのか知りたくて、
エンディングノートをプレゼントしました。
でも、一向に興味を示してくれません。
実家に帰省したときに
聞いてもはぐらかされます。
もっとハッキリと促したほうがいいのでしょうか。

（52歳・女性）

人生の終わりに向けて、葬儀やお墓、遺言の準備など生前整理を行う行動全般を指す「終《しゅう》活《かつ》」が広まり始めたのは2009年頃のことです。2010年に新語・流行語大賞にノミネートされ、2012年には流行語トップ10に選ばれました。

何かあったときのために、伝えておきたいことを書き留める「エンディングノート」は、この終活が注目を集めるのとともに、市民権を獲得してきました。書店や文具店ではさまざまなエンディングノートを見かけるようになりましたが、実は決まった様式はありません。市販のノートやメモ帳、パソコンの文書作成ソフト、表計算ソフトなど記録するツールは何でも構いませんし、内容も自由です。遺言書として法的な拘束力もないため、純粋に「万が一」のときに家族に知っておいてほしいことを書けばOKというアイテムです。

子どもの立場からすると、親がエンディングノートを書いておいてくれるのはありがたいことです。親と話し合う機会がないまま、万が一のことが起きたとき、ノートを手掛かりに、親の要望や考えを知ることができます。知りたいことの答えがそのまま書かれていなかったとしても、何かしらヒントは得られることでしょう。

ほかのきょうだいと意見が食い違ったとしても「お父さん（お母さん）はこう考えていた」とわかれば、落としどころが見つけやすくなります。

しかし、ここで問題になるのが「親は必ずしも、エンディングノートを書くことに対して積極的なわけではない」という点です。

自分から興味を持ち、前向きな気持ちでエンディングノートにトライする人もいれば、「縁起でもない！」と一切、受け付けない人もいます。また、「将来のために必要だと聞いたから」「テレビで見かけたから」などの理由で市販のエンディングノートを購入したものの、いざ書こうと思うと迷ってしまい、白紙のまま放置しているという話も聞きます。

親が消極的な場合、子どもがワーワーとせっつくのは厳禁です。親がためらっているのはもともとの性格のせいかもしれません。あるいは何か心配事があるのかもしれません。いずれにしても、積極的になれない理由があるはずです。気持ちを無視して強引にものごとを進めようとしても、お互い消耗するばかりでなかなか話が進みません。それどころか、親を深く傷つけ、親子関係にひびが入りかねない、デリケートな話題でもあります。

その一方で子どもの立場からすると「親にはエンディングノートを書いておいてもらったほうが助かる」というのも事実です。では、どうすればいいか。

まずは自分がエンディングノートを記入し、「こんなものを書いてみたんだけれど……」と親に見せましょう。そして、病気になったときや介護が必要になったとき、いつかは訪れる最期をどう迎えたいかなどを親子で話すきっかけとします。

実際に自分で書いてみると、答えに迷う質問が案外多いことに気付かされます。例えば、「どのような最期を迎えたいですか?」と聞かれ、パッと答えられるでしょうか。こうした迷いや戸惑いを親と共有するのも効果的です。

大切なのは「お手本」や「正解」を見せることではなく、迷いながらも一緒に考えていきたいという姿勢を見せることです。そうすれば、子どもから一方的に理不尽な要求をされていると、親に感じさせる心配もなくなるでしょう。

もっとも、それでもやはり、「エンディングノートなんて絶対に書きたくない」という人は一定数います。

実は、私の父親（実の父親）がそのひとりです。60代の頃、母が「夫婦で一緒に書こう」とプレゼントしましたが、「そんなものは書きたくない」と、断固拒否。70代後半にさしかかった今も「絶対にイヤだ」の一点張りです。

「死んだ後のことは、残された者が考えればいい！」

これが父の主張です。一方、母は「夫婦どちらが先に逝くかはわからないから、準備をしておくに越したことはない」という考えです。「お父さんは高齢者としての自覚が足りない」と文句を言うこともあります。しかし、そう言われたからといって、「はい、そうですか」と父が納得するわけもなく、エンディングノートの話題が出ると、たいていはそのまま、夫婦ゲンカに移行します。

エンディングノート消極派にも、積極派にもそれぞれ言い分があります。どちらも間違っているわけではありません。ただ、考え方が異なるのです。家族として長年、一緒に暮らしてきても、ものごとの受け止め方は違うことはよくあります。年を重ねることによって、あるいは突然の病気やケガをきっかけに、これまでとは考え方が大きく変わることもあります。

エンディングノートはあくまでも、家族がお互いの気持ちや願い、考え方を理解し合うためのツールです。そう考えれば、記入を無理強いする必要はなくなります。

書きたくないなら書かなくていい。答えたくないことは、伏せたままでOK。でも、できるだけ希望に沿えるよう、努力はしたいから差し支えのない範囲で教えてほしい。イソップ童話の「北風と太陽」でいうところの「太陽」のアプローチをイメージして臨むことが、親の本音を知る近道です。

延命治療の意思確認

父親（86歳）の認知症が進み、
施設に入ることになりました。
入所にあたって「延命治療の希望の有無」を
聞かれたのですが、父に聞いても
「よくわからない」とはっきりしません。
家族が決めるしかないのでしょうか。
（63歳・男性）

人生の最終段階でどのような治療やケアを受けたいかを話し合う取り組みは「アドバンス・ケア・プランニング」（ACP）と呼ばれ、欧米を中心に確立されてきました。昨年、厚生労働省はこのACPに「人生会議」という愛称をつけ、お笑い芸人の小籔千豊《かずとよ》さんを起用したポスターを発表しました。このPRポスターが良くも悪くも話題になったことで、「終末期医療」や「延命治療」、「看取り」といったキーワードが気になり始めたという方もいらっしゃるかもしれません。

日本老年医学会は2019年6月に発表した「ACP推進に関する提言」の中で、ACPを次のように定義しています。

「ACPは将来の医療・ケアについて、本人を人として尊重した意思決定の実現を支えるプロセスである」

そしてACPの実践には、「本人と家族等と医療・ケアチームが対話を通し、本人の価値観・意向・人生の目標などを共有し、理解した上で、意思決定のために協働することが求められる」と解説しています。こうした取り組みをしておけば、意思決定が困難な時期が訪れても、周囲が本人の意思を汲み取り、本人が望む医療・ケアを受けることができるようになるという考え方です。

ただ、「いずれきちんと話し合わなくては」と思ってはいても切り出すきっかけが見つからず、切羽詰まった状況を迎えてしまうことも少なくありません。

我が家の場合で言うと、「緊急時の延命治療」について、初めて決断を迫られたのはちょうど、認知症介護が始まって半年ほど経った頃のことです。

当時、義父母は自宅でふたり暮らしをしていましたが、義父が肺炎をこじらせ、入院先を探していました。近所にある総合病院は「満床」で断られ、三度目の正直で交渉した病院から「急変があった場合、人工呼吸器につなぐなどの延命措置は難しい」と説明がありました。設備がないため、物理的に延命措置が行えない。それを理解し、了承するなら、入院を受け入れると言われたのです。

義父はその時点で、自発呼吸だけでは体内の酸素が十分ではなくなっていて、酸素供給器による酸素吸入が必要になっていました。高熱も下がらず、１日中うとうとと眠っているような状態です。

「入院したほうがいいだろうというのがドクターの診立てなんだが、親父はどう思う？」夫がそう尋ねると、思いのほかハッキリした口調で義父から「入院する」という答えが返ってきました。しかし、それ以上複雑な内容を話し合える雰囲気ではありませんでした。延命措置が可能な病院を探し回っているうちに、さらに義父の容態が悪化する可能性が高い。結局私たち夫婦は最速で入院できることを選択し、義父は3か月後に無事に退院することができました。

義父が元気になったらしっかり話し合おう。それが当時の私たち夫婦の合い言葉でした。ところが、義父は一向に「万が一のときのことを話し合えるぐらい元気」にならなかったのです。そうこうしている間にも、延命措置について意思表示をしなくてはいけない場面が繰り返しやってきます。

例えば、介護老人保健施設や有料老人ホームに入所する際には次のような項目について希望するかどうか確認されます。

・心臓マッサージなどの心肺蘇生
・人工呼吸器の装着
・鼻チューブによる栄養補給
・胃ろうによる栄養補給

どう答えていいものか迷い、そのたびに「いつでも変更できますから」と促され、〝なんとなく〟で回答していたというのが正直なところです。

義父は何度か、誤嚥性肺炎での入退院を繰り返し、いよいよ急変の可能性が現実味を帯びてきたタイミングで、医師から「延命治療とは結局どういうものなのか」についてレクチャーを受ける機会がありました。

「いったん人工呼吸器をつけてしまうと、外せなくなるって本当ですか？」
「自発呼吸が十分であると判断できる状態であれば、外せることもあります」
「自発呼吸が十分ではないような場合は難しい？」

「外せないわけではないですが、院外に第三者委員会を設置し検討するなどの手続きを踏む必要がありますね」

つまり、家族全員が「人工呼吸器を外してほしい」と希望したとしても、家族からの同意のみで人工呼吸器を外せるわけではないというのです。

また、「延命措置をしないことがすなわち、医療行為をまったくしないことを意味するわけではありません。苦痛をやわらげる緩和措置は行います」とも説明されました。

医師との話し合いの中で、自分たちが延命措置についてよくわかっていなかったことを改めて気付かされました。親切に説明してくれる医師ばかりではないという話もよく聞きます。限られた時間の中で疑問を解消するには、事前に下調べするなどの手間もかかります。ただ、医師に質問することで書籍やウェブでの調べ物だけでは不明瞭だったことがクリアになり、それをもとに夫と改めて話し合うことができました。

たったひとつの正解があるものではなく、ひと筋縄ではいきません。だからこそ、巷にあふれるイメージに振り回されることなく、「事実」をベースに話し合うことが大事になってくると強く思うのです。

葬儀の準備

ひとりっこなので、いずれは
親の葬儀を取り仕切ることになると思います。
今から不安で、親の希望も知りたいです。
ただ、親に聞いても
「そのうちね」「考えておく」と
はぐらかされ、困っています。
いつ頃から準備をするものでしょうか？

（44歳・女性）

「お母さんは、おばあちゃんのお葬式の準備をいつ頃から始めたの？」

自分の母親に質問したのは、２０１９年秋のことでした。91歳になった義父が入退院を繰り返し、しかもその間隔が少しずつ短くなっている。「きっとまた元気になる」と楽観視していていいのだろうかと不安になったのがきっかけです。

祖母の通夜・葬儀は祖母が生前、互助会員になっていた葬儀社のホールで行われました。亡くなる数年前に、祖母が大きく体調を崩した時期に初めて見学に行き、その後も「もう無理かも」と思うと、思いがけず持ち直すことが何度かあったそうです。

「まったく何の準備もしないまま、〝その日〟を迎えるとあわただしくて大変だし、悔いも残りやすいから、葬儀のことが気になり始めたなら、探しどきと思ったほうがいい」

母にはそう強く勧められました。親が元気なうちに葬儀社探しをするなんて……という、抵抗感のような気持ちがなかったかというと、嘘になります。しかし、今よりもっと義父の容態が悪くなれば、もっともっと「縁起でもない」と考えてしまいそうな気もしたのです。

夫と相談し、義父母の地元にある葬儀社に複数見積もりをとってみることにしました。葬儀社のウェブをあちこち読み込む過程で、NPO団体が運営する葬儀社紹介サービスを見つけ、そこ経由で4社に見積もりを依頼しました。

見積もりをとるにあたって、こんな質問をされます。

●希望する葬儀のスタイル
（火葬のみ、密葬・家族葬、世間並みにしたい、費用がかかっても華やかに……など）
●お通夜や告別式の希望場所（斎場、自宅、寺院、教会など）
●予想される会葬者の人数
●菩提寺の有無、宗派など

そんなこと聞かれても、さっぱりわからないと思われる方もいらっしゃるかもしれません。私たち夫婦もそうでした。でも、事前相談であれば大丈夫。わかる範囲と親の年齢を伝え、あと「これぐらいの年齢の人の一般的な葬儀のスタイルでいったん見積もりをお願いします」と伝えると、葬儀社の方も心得ているので、今ある情報をもとに見積もりを算出してくれます。

見積もりを受け取り、自分なりに疑問点を整理した上で、面談に臨みます。この時点で明らかに自分たちが望む条件から外れる葬儀社が出てきた場合は、候補から外してしまっていいでしょう。ちなみに、私たちの場合は見積もりだけでは判断がつかず、4社すべてに事前相談の予約を入れました。

そして夫と一緒に、各社の担当者とそれぞれ、小一時間ほどの面談をしました。場所は先方の葬儀社の会議室や喫茶店などさまざまです。自宅を希望すれば、向こうから訪問してくれるとも聞きました。面談では見積もりの説明にとどまらず、「疑問に思っていることなどを何でも聞いてください」と言われます。「初めての葬儀でよくわかっていないので」と伝えると、地元の火葬場の混雑事情などを丁寧にレクチャーしてくれました。

義父の葬儀について考えたとき、私がもっとも気がかりだったのは義母のことです。義父が亡くなるとき、義母の認知症がどこまで進んでいるかはわかりません。できることなら参列し、お別れをする時間を持てるようにしたい。そのためには、どのような条件をクリアすればいいのか……。

相談する前は何をどうすればいいかわからなくても、担当者と話をするうちに、少しずつ情報が整理されていきます。

例えば、通夜・葬儀を行う斎場と、火葬場との距離が遠く離れていると、移動に時間がかかり、義母の参列が難しくなるかもしれません。また、事前相談に行く前はさほど気にもとめていませんでしたが、「遺体をどこに安置するのか」についても考えておかなくてはいけないことがわかりました。

斎場や葬儀社の専用安置施設にお願いすれば、通夜や葬儀の際にご遺体を大きく移動させずに済むので負担が少ないと聞きます。しかし、その場合、亡くなった後の面会には制約があります。中には24時間いつでも面会できるところもありますが、自宅のようにずっと付き添えるわけではありません。

一方、自宅に安置するとなると、今度は「付き添いが必要」という別の問題が生じます。少なくとも1日1回はドライアイスの交換が必要で、さらに「訃報を知った友人知人やご近所の方たちが次々に弔問に訪れ、その対応に追われる可能性もある」とのことでした。

どちらも一長一短あり、すぐには結論が出せません。幸い、事前相談であれば、亡くなった後の葬儀の準備と異なり、じっくり検討する時間をとれます。

万が一のことがあったら、あの葬儀社（あるいは葬儀プランナー）に連絡してみようと思える人が見つかるのは心強いものです。そこまでは決められなかったとしても、「検討しておいたほうがいいこと」が明確になるため、それだけでもずいぶん気がラクになります。

親が無関心で、葬儀のことを切り出しづらい状況であれば、本人には伏せたまま、事前相談で情報収集するのも一案です。そうすれば、あらたに得た知識をもとに、さりげなく親の要望を聞き出すという、次のアクションも起こしやすくなるはずです。

お墓の購入

うちはお墓がないので、いずれは購入する必要が出てくるのかと思います。気になりますが、親がどう思っているのかも聞けずにいます。お墓のことは親任せにしておいていいものでしょうか。

（60歳・男性）

お墓を持っていない場合、「あらたに購入する予定があるのか」「予定があるとすれば、どのようなタイミングを想定しているのか」を親と話し合う必要があります。例えば、葬儀についての希望を聞く機会があれば、そのときにお墓についてもどう思っているか聞いてみるのも一案です。

葬儀にしろ、お墓にしろ、「亡くなった後、どうしたい？」と尋ねるのは勇気がいることです。また、思い切って聞いてみても、親のほうも「まだ先の話」「そのうち考えればいい」という程度にしか考えておらず、はっきりとした答えがもらえずに困惑したという話も聞きます。

ただ、確実に言えるのは気まずい話題ではあるものの、お互いが元気なうちのほうがまだ聞きやすいということです。体調を崩し、弔いがリアリティを増してからだと、なおさら聞きづらくなります。お互いまだ漠然としたイメージしか浮かばず、明確な答えにたどりつかなかったとしても、親子で意見のすり合わせを始めておくことに意味があります。

では、どのようなタイミングに親の意向を確認すればいいのでしょうか。

お墓参りや親族の法事・法要のときは話を切り出すチャンスのひとつです。例えば、父母が入る予定のお墓はまだなくても、先祖代々のお墓があるケースもあります。また、遠方にお墓があるような場合、もしかしたら親はいずれ墓じまいをし、新たにお墓を建立しようと考えているかもしれません。

先々のことを実はいろいろ考えているけれど、「自分たちでやれるから大丈夫」と思っているから何も言わずにいるのか、それとも「子どもがやってくれるに違いない」と信じて疑っていないのか。このあたりは人によって考え方がバラバラで聞いてみないことにはまるで検討がつきません。

例えば、うちの両親の例でいうと、父の実家には先祖代々のお墓があり、母の実家には祖父母だけが眠るお墓があるものの、父と母が入る予定のお墓はまだありません。

ちょうど散骨や樹木葬が話題になり始めた頃、母は興味津々で「万が一のときは散骨してほしい」などと言っていましたが、そのうち、「菩提寺の墓地に空きができたら入りたい」

と言い始め、最近は「市民霊園もいいかもしれない」と揺れています。

一方、父は一貫して「考えたくない」と言い続けています。「親がきちんと用意しておかないと子どもたちが困る」と母にしつこく説得され、揚げ句に夫婦ゲンカになるというのもお約束のパターンです。

父は「亡くなった後のことは残された家族が考えればいい。俺はそれにしたがう」とうそぶきます。母よりも6歳年上ということもあって、どうやら自分が先に逝くと決めてかかっているようです。母はそれがわかっているだけに余計イライラするのかもしれません。

「お父さんのお墓については亡くなってからゆっくり考えよう」

ここ数年、母にはそのように伝えています。実際にはどちらが先に亡くなるかはわかりません。母が先に亡くなれば、面倒なことになるのも目に見えています。しかし、断固として考えることを拒否している段階の父に対して、理詰めで説得を試みても反発するばかり。折を見て話してみようとは思いますが、真正面からぶつかってもかたくなにさせてしまうばかりであろうと踏んでいます。

母自身も希望はコロコロ変わっているし、父も70代後半にさしかかっている今と5年後、10年後ではまた気持ちのありようが変わるかもしれません。

一方、夫の実家については、市民霊園にお墓があり、早くに亡くなったふたりの娘（義姉）が眠っています。義父母と一緒にお墓参りに行くようになったのは認知症介護が始まってからのことです。自分たちだけでお彼岸のお墓参りに出かけた義父母が電車移動の途中ではぐれ、義母の行方がわからなくなるという騒動があり、それ以来、春と秋のお彼岸には付き添うようになりました。


「お義母さんも亡くなったら、このお墓に入りたいですか」

「そうねえ。できれば入りたいけれど、混んでるかしら」

「そこまでは混んでいないと思いますよ」

「あらそう？　それならよかったわ」

義母とそんな会話をかわしたのも、一緒にお墓を掃除しているときのことでした。

義父母については義母が希望するとおり、今あるお墓に遺骨を納めることになるでしょう。夫が生きている間は、継承者としてお墓を守っていくこともできます。私たち夫婦は子どもがいないため、いずれは「お墓の継承者がいない」という問題が浮上します。継承者がいなくとも、霊園や寺院が供養し続けてくれる「永代供養墓」をどこかのタイミングで検討しなくてはいけなくなるかもしれません。また、私たち自身のお墓をどうするかは、そもそもお墓で供養するというスタイルを選ぶのかどうかも含め、夫婦で話し合っていく必要があります。

現在の私は散骨や樹木葬に惹かれています。しかし、かつての母のように年齢を重ねる中で考えが変わっていきそうな気もします。これといった正解があるわけではないだけに、結論を急がず、揺れ動く気持ちも含め、家族で共有していくことが大切なのだろうと考えています。

知っておきたい介護ハック❺

成年後見制度

認知症などで判断能力が十分でなくなると、財産の管理や契約が難しくなる場合があります。不利益な契約を結び、悪徳商法の被害に遭うといったトラブルから保護し、支援するために2000年にスタートしたのが「成年後見制度」です。成年後見人をあらかじめ自分で選び、契約を結んでおく「任意後見」と家庭裁判所が選任する「法定後見」の2つに大別されます。

成年後見制度を利用すると財産の不正な流出を防げる反面、財産の使用は家庭裁判所の監督下で厳しく制限されることに。成年後見人は必ずしも家族がなれるわけではありません。また家庭裁判所から司法書士などの専門家による「成年後見監督人」をつけるよう命じられることも。専門家が成年後見人あるいは成年後見監督人に選ばれた場合、報酬支払いが発生します（報酬額は専門家によっても異なる）。成年後見制度の利用は義務ではないため、メリット・デメリットをしっかり理解し、慎重に検討することが大切です。

主要な参考文献

国立長寿医療研究センター「介護予防ガイド」
https://www.ncgg.go.jp/cgss/news/documents/yobo_guide.pdf

総務省消防庁「令和元年版 救急救助の現況」
https://www.fdma.go.jp/publication/rescue/post-1.html

公益財団法人生命保険文化センター「ひと目でわかる生活設計情報」
https://www.jili.or.jp/lifeplan/

国税庁「NO.1120 医療費を支払ったとき（医療費控除）」
https://www.nta.go.jp/taxes/shiraberu/taxanswer/shotoku/1120.htm

厚生労働省「介護保険制度について」
https://www.mhlw.go.jp/file/06-Seisakujouhou-12300000-Roukenkyoku/2gou_leaflet.pdf

厚生労働省「令和元年度 インフルエンザQ&A」
https://www.mhlw.go.jp/bunya/kenkou/kekkaku-kansenshou01/qa.html

国土交通省「福祉タクシー」
http://www.mlit.go.jp/jidosha/jidosha_tk3_000007.html

厚生労働省「地域包括支援センターの手引き」
https://www.mhlw.go.jp/topics/2007/03/tp0313-1.html

東京都福祉保健局「自分でできる認知症の気づきチェックリスト」
https://www.fukushihoken.metro.tokyo.lg.jp/zaishien/ninchishou_navi/checklist/index.html

厚生労働省「認知症施策」
https://www.mhlw.go.jp/stf/seisakunitsuite/bunya/hukushi_kaigo/kaigo_koureisha/ninchi/index.html

日本老年医学会「ACP推進に関する提言」
https://www.jpn-geriat-soc.or.jp/press_seminar/pdf/ACP_proposal.pdf

法務省「成年後見制度～成年後見登記制度～」
http://www.moj.go.jp/MINJI/minji17.html

「介護を必要とする方の『本人の声』を聞こう」と最近よく言われるようになりました。ご本人の思いを聞き、尊重することは、自尊感情（自分を大切に思える気持ち）や自己効力感（自分に対する信頼感）を高め、結果的に治療やリハビリテーションの効果にもプラスに働くと考えられています。

私も夫の両親の認知症介護にかかわる中で、本人の自主性を尊重する大切さを痛感しています。例えば、何か新しい介護サービスを導入する場合は、親の承諾を得ながら進めます。それは率直に言って、面倒なステップです。いっそ、「必要なんだから！」と押し切りたい衝動に駆られることもあります。しかし、それでもやはり、ひと手間かける価値はあります。誰かに押し付けられたのではなく、自分で決めたことだと認識すると、親自身のかかわり方も前向きになります。

もっとも、親の意思を尊重すると言っても、子どもが犠牲になって親の希望をかなえるということではありません。親には親の、子どもには子どもの「譲れないこと」があるはず。両者が折り合いをつけられる落としどころはどこになるのか。それを探るためにも、「もめない会話」が役にたちます。

親子だからこそ遠慮がなく、厳しいことを言ってしまうこともあるかもしれません。実は私も、自分の両親（父76歳・母70歳）への対応は目下練習中です。義両親（義父91歳・義母88歳）とのやりとりを参考にしながら試行錯誤しています。

そろそろ親の老いが気になってきたなと感じているみなさん、どうか気が向いたときに「もめない会話」を取り入れ、慣れるところから始めてみてください。早めに練習を始めれば、本番を迎える頃にはかなりの達人級になっているはず。すでに介護本番中というみなさんはどうか完璧を目指さず、がんばりすぎないヒントに本書を使っていただけたら幸いです。

最後に謝辞を。WAVE出版の堂坂美帆さん、いつも朗らかな励ましに背中を押され、どうにか完走できたこと心から感謝いたします。文京図案室の中村妙さん、イラストレーターの山元かえさん、タイトな中、すばらしい形に仕上げてくださり、ありがとうございました。親の老いに直面したとき、誰もが気負わず、マイペースに向き合えますように。そのヒントとして本書が少しでもお役に立てたなら、これほどうれしいことはありません。

2020年2月吉日　島影真奈美

親の
介護が
ツラクなる前に
知っておきたいこと

2020年3月22日 第1版第1刷発行

著者
島影真奈美

発行所
WAVE出版
〒102-0074 東京都千代田区九段南3-9-12
TEL 03-3261-3713 FAX 03-3261-3823
振替 00100-7-366376
Email : info@wave-publishers.co.jp
https://www.wave-publishers.co.jp

印刷・製本
萩原印刷

NDC 367 175P 19cm ISBN978-4-86621-256-2